Kurzgeschichten

Humor-Tragik
Romantik
Fantastik
Erzählexperiment

Luzie Pan

Impressum

Humor-Tragik-Kurzgeschichten:
Lächeln gegen den Wind
Markus hat Glück
Spätberufen
Romantik-Kurzgeschichten:
Unfall mit Folgen
Das passende Kleid
Zug ins neue Leben
Fantastik-Kurzgeschichte:
Zu viel Licht
Kurzgeschichte Erzählexperiment:
Gestrandete Existenzen oder was ist Glück?

Ann-Luzie Pan
c/o Papyrus Autoren-Club
R.O.M. Logicware GmbH
Pettenkoferstr. 16-18
10247 Berlin
Kontakt: luziepan@gmx.de
Druck/Vertrieb: Bookmundo
1. Print-Auflage 2020

Bibliografische Information der Deutschen Nationalbibliothek:
Die Deutsche Nationalbibliothek verzeichnet diese Publikation in der Deutschen Nationalbibliografie; detaillierte bibliografische Daten sind im Internet über dnb.de abrufbar.

Inhaltsverzeichnis

Kurzgeschichten

Humor-Tragik

Lächeln gegen den Wind

Markus hat Glück

Spätberufen

Romantik

Unfall mit Folgen

Das passende Kleid

Zug ins neue Leben

Fantastik

Zu viel Licht

Erzählexperiment

Gestrandete Existenzen oder was ist Glück?

Luzie Pan

Danksagung

Mein herzlichster Dank gilt allen meinen zahlreichen Blogaufrufenden aus der ganzen Welt, treuen Fans, meinen Blog-lesenden und meinen Follower meines Blogs: https://luziepan.wordpress.com, auf Twitter, Instagram, LinkedIN, Tumblr und meinen Facebook-FreundInnen, danke für alle votes, likes und jedes retweeten. Außerdem geht mein großer Dank an meine KommentatorInnen meiner Leseproben und Kurzgeschichten und meiner Blogs, meinen Rezensenten, meinen Lektorinnen und Lektoren und allen Menschen, die mich bei der Entstehung, Entwicklung und Neubearbeitung meiner Geschichten unterstützt und inspiriert haben.

Humor-Tragik-Romantik-

Fantastik-Erzählexperiment-

Kurzgeschichten

Kurzgeschichten
Humor Tragik
Lächeln gg den Wind
Markus hat Glück
Spätberufen
Luzie Pan
© Luzie Pan

Humor-Tragik-Kurzgeschichten

Lächeln gegen den Wind

Markus hat Glück

Spätberufen

Lächeln gegen den Wind

Humor-Tragik-Kurzgeschichte

Widmung

Für alle Opfer der Paramilitärs und Guerilla in Südamerika und ihrer Bevölkerung, die trotzdem noch lächelt.

Vorwort

Kommentar einer Kinderkrankenschwester:

„Die Geschichte mag ich sehr. Es gibt eine „überraschende und doch nicht unlogische Wendung". Durch die Sicht der Hauptfigur auf Deutschland wird uns ein Spiegel vorgehalten. Trotz aller Schwierigkeiten und vielleicht sogar wegen der Missgeschicke, die passieren, ist der Grundton optimistisch und hoffnungsvoll ... wie ein modernes Märchen: „Marta im Glück"."

Kommentar von Arno von Rosen (Thriller-Autor):

„Es stimmt! Deutsche sind auch Ausländer in jedem Land der Welt. Die Protagonistin gewöhnt sich gerne, aber langsam an die überwältigende Ordnung unseres Landes, und trifft bei der Bewältigung dieser Hürden ausgerechnet auf die Person, derentwegen sie Argentinien verlassen musste. Spannend von Luzie Pan erzählt, und mit einem Augenzwinkern hat die Autorin auf die eigentliche Enge unseres Planeten hingewiesen. Die Erde ist eben ein Dorf, aber das ahnten wir ja schon. Tragikomisch."

Anonymer Kommentar:

„An „Lächeln gegen den Wind" gefällt mir, dass sich Marta nicht aus der Bahn werfen lässt, sondern immer den Blick nach vorne gerichtet hält, auch wenn das Leben manchmal verrückt spielt, so wie in Wirklichkeit."

Bewertung meines Lektoren:

„Aus „Ihren Fahrausweis bitte!", ist eine reizvolle Geschichte geworden. Geglückt, die Figurenzeichnung. Sei es die Protagonistin, seien es die Nebenfiguren. Nicht zuletzt lebt das Ganze von dem sinnfälligen Kontrast im Hinblick auf die kulturelle Differenz der deutschen Mentalität und einer Argentinierin: diesen Gegensatz haben Sie präzise, dabei nicht ohne Humor, herausgearbeitet. Gleichzeitig ist es der so authentisch wirkende wie lebensnahe Dialog zwischen der Ich-Erzählerin und dem Kontrolleur, später zwischen ihr und dem Geschäftsmann, der das Geschehen vorantreibt und Ihre Figuren ebenso wie das Ambiente charakterisiert."

Zitat

„Selig, die um der Gerechtigkeit willen verfolgt werden, denn ihnen gehört das Himmelreich."

(Mt 5,10 (NT))

Lächeln gegen den Wind

Ich heiße Marta Deguerres und kam als Jüngstes von fünf Kindern in Mendoza zur Welt. Mein Vater war verschwunden. Damals war ich zwölf Jahre alt. Wir haben nie darüber geredet. Das war Männersache. Er war einst Weinbauer gewesen, bis ein Konzern sein Land kaufen wollte. Er wollte nicht. Aber das erfuhr ich erst später. Ich war immer mit zur Weinlese gegangen und hatte alles über die Weinernte gelernt. Damals fand ich das langweilig. Ich wusste nicht, dass es mir mal nützlich sein würde.

Als Nesthäkchen kümmerten sich hauptsächlich meine vier Brüder um mich. Sie nahmen mich überall mit hin. Was sollten sie sonst tun, schließlich musste meine Mutter uns alle durchfüttern. Die Rebplantagen gehörten uns nicht mehr und waren gerodet. Später putzte sie zusätzlich in der Schule.

„Für dein Studium", höre ich sie noch immer sagen.

Trotz tiefer Dankbarkeit verließ ich meine Mutter nach der Uni. Ich ging nach Deutschland. Meine Brüder waren inzwischen in Drogengeschäfte verwickelt und das widerte mich an.

Die Sprache fiel mir schwer. Dieses geordnete Deutschland, diese gut funktionierende Zivilisation, wo man mit der Stopp-Uhr in den Feierabend switchte, Kollegen gegen Freunde tauschte, alles seinen Platz hatte und man nichts dem Zufall überließ, überforderte mich.

So schnell gab ich nicht auf. Ich überschüttete meine Mitmenschen mit einem strahlenden Lächeln, wohingegen die griesgrämig guckenden Deutschen nie lachten. Obwohl ich voll Trauer an die Leiche meines Vaters denken musste, die jetzt aufgetaucht war.

Eines Tages lernte ich meinen deutschen Freund Tim kennen. Bei ihm fühlte ich mich sicher; er war zuverlässig und ehrlich. Er erklärte mir so manches, was ich nicht verstand.

Einmal wollte ich eine Zugfahrt buchen und merkte erst einen Tag vorher, dass meine Bahncard nicht mehr gültig war. Ich fuhr zum Bahnhof und wollte eine Neue kaufen. Ich strahlte die Dame am Schalter offenherzig an, unterdessen ich ihr mein Anliegen erklärte. Daraufhin meinte sie, sie könne mir lediglich eine vorläufige Bahncard ausstellen. Allerdings nur, wenn ich sofort bezahlte.

Zuhause merkte ich, dass es statt einer Fünfundzwanziger, eine Fünfziger Bahncard zum gleichen Preis war. Erhobenen Hauptes zeigte ich sie Tim, der schmunzelte, und legte das Dokument mit der Fahrkarte griffbereit auf das Board. Ich war sehr aufgeregt, denn ich sollte bei der Weinlese in Baden helfen. Nach langer Suche hatte ich mir diesen Job erkämpft. Andererseits machte es mich traurig, da es mich an meinen Vater erinnerte.

Am nächsten Tag hatte ich verschlafen, da ich nichts von der Zeitumstellung wusste. Tim war längst aus dem Haus und ich musste mich beeilen. Nachdem ich im Trubel des Zugabteils endlich einen Platz ergattert hatte, ließ ich mich dort nieder und verstaute mein Gepäck. Der Zug Richtung Straßburg fuhr los. Kinder tollten durch den

Zug und ich zwinkerte ihnen zu - sie wollten mit mir spielen - bis ihre Mutter sie weiter scheuchte.

Plötzlich nahm mir gegenüber ein Mann mit randlosen Brillengläsern, ernstem Gesicht und Aktentasche Platz. Eingeschüchtert räumte ich meine Sachen weg, woraufhin er sein Tablet auf den Tisch platzierte. Er lächelte dezent und schaute gleich wieder in sein Gerät. Ich schlief ein bisschen. Nach einer Weile wurde ich unsanft geweckt.

„Die Fahrkarte bitte!", tönte eine Bassstimme neben mir.

Eilig kramte ich in meiner Tasche. Wo war sie nur? Blitzartig begriff ich, dass sie noch zuhause lag.

„Ich, ich … habe vergessen!", stammelte ich.

Alle Fahrgäste um mich herum gafften mich an.

„Dann hätte ich gerne mal den Ausweis bitte!"

„Äh, einen Moment!", keuchte ich und zog den Pass zitternd hervor und meine Mundwinkel leicht nach oben.

„Sie sind also aus Argentinien! Aufenthaltsbewilligung?"

Ich schaute ihn verwirrt an. Was wollte der Mann von mir?

Der Schaffner fing an zu telefonieren.

„Ja, Helmut, kannst du mal einen Reisepass checken?"

Mir schlotterten die Knie. Hier half auch kein Lächeln.

„Okay, an der Grenze muss sie aussteigen. Danke!"

„Wohin fahren Sie?"

„Oberkirch!", lächelte ich ihn wieder verzweifelt an.

Der Schaffner drehte die Augen zum Himmel und schnaufte:

„Na gut, aber das nächste Mal bitte alles am Mann haben!"

„Am Mann?", ich verstand nicht.

„Na dabei haben!“, entgegnete er genervt.

Augenblicklich zückte er ein imposantes Bezahlgerät und tippte.

Dann verkündete er gelangweilt:

„So, das macht dann einhundertfünfzig Euro, bitteschön!“

„Aaaber so viel habe ich nicht dabei!“, jammerte ich.

„Visa, Kreditkarte?“, erwiderte er, wobei seine Schuhspitze auf und ab tippte.

Während der ganzen Zeit beobachtete mich der Geschäftsmann aus den Augenwinkeln und sagte nun entschieden:

„Herr Schaffner! Das übernehme ich!“

Ungläubig wanderten meine Augen zwischen beiden Männern hin und her. Ich traute meinen Ohren nicht. Ich konnte nicht glauben, was da vor sich ging. Ein Mann wollte viel Geld von mir, nur weil ich meine Fahrkarte vergessen hatte, gerade, dass er mich nicht aus dem Zug warf und ein anderer Mann wollte meine Zeche zahlen. Was ging hier vor? Mir wurde schwindlig. Benebelt sah ich nur noch, wie eine Kreditkarte durch diese Maschine glitt. Dann japste ich nach Luft und bemühte mich um ein dankbares Lächeln für meinen Gönner. Auf dessen Gesicht sich nun ein ausgesucht freundliches, wenn auch mitleidiges, Lächeln zeichnete.

„Kein Problem! Kann ich von der Steuer absetzen! Die hundertfünfzig Euro jucken mich nicht.“

Ich schaute ihn ungläubig an und schüttelte den Kopf.

„Ah“, kam es nach einer Weile aus meinem sich wieder schließenden Mund.

„Freifahrt!“, grinste er jetzt, steckte sein Tablet in die Schutzhülle, schob es zur Seite und verschränkte seine Hände gemütlich hinter seinem Kopf.

Umsonst? Wie ging das? Ich runzelte die Stirn. Ich fand das alles sehr merkwürdig.

Da stütze er seine Unterarme auf den Tisch und beugte sich mir zu.

„Ich fliege bald nach Mendoza!“

Langsam beruhigte ich mich, lockerte mein Halstuch ein wenig und schnaufte tief durch, wobei mein schwarzes Lockenpony von der Stirn ab stob.

„Woher kennen Sie Mendoza?“, flüsterte ich und schaute ihn ernst an.

„Ich habe dort Weinhänge gekauft, und möchte mal nach dem Rechten sehen!“

„Weinhänge? ... Gekauft?“, erwiderte ich.

Es fühlte sich an, als hätte mich ein Stromschlag getroffen. Das war zu viel für mich. Ich starrte zum Fenster hinaus. Der Mann schien das zu merken. Nach einer Weile setzte er erneut an.

„Und Sie? ... Was treibt Sie nach Oberkirch?“, erkundigte er sich freundlich.

„Weinlese“, stotterte ich, stierte aber immer noch aus dem Fenster.

„Ah ja? ...“

Er kräuselte die Lippen und nippte an seinem Kaffee. Als der Kaffeeservice vorbeikam, gab er der Dame ein Zeichen und zeigte auf seinen Kaffeebecher.

„Möchten Sie Kaffee? ... Ich lade Sie ein!“, wandte er sich zu mir.

Ich drehte meinen Kopf zaghaft zu ihm und nickte.

Als die Zugbegleiterin den Kaffee servierte, brachte ich endlich ein kleines Lächeln hervor. Welches der Unternehmer gönnerhaft erwiderte.

Dann grinste ich unvermittelt in mich hinein und dachte:

„Ach, die Deutschen können ja doch lächeln".

Markus hat Glück

Humor-Tragik-Kurzgeschichte

Widmung

Für alle Apfelbergbauern, kleiner Scherz; hier es gibt gar keine Widmung, einfach nur genießen ;).

Vorwort

Kommentar von Arno von Rosen (Thriller-Autor):

„Spannung pur. Ich mag den Stil der Geschichte. Präzise und schnell im Fortgang und immer nahe an den Gefühlen der Protagonisten. Die Leseprobe könnte zufällig, oder mit Absicht ausgewählt worden sein, aber sie zeigt, dass mit den Nerven des Lesers gespielt wird. So sollte jeder einen Spannungsbogen in einer Geschichte aufbauen.

Guter Stoff für kurzweilige Abende."

Anonymer Kommentar:

„"Markus hat Glück" ist ein kurzweiliger Krimi, der nur so an einem vorbei flutscht, und von dem ich noch viel mehr lesen könnte, vorausgesetzt die Autorin hat Lust noch ein paar Krimis zu schreiben :-)."

Bewertung meiner Lektorin:

„Es gelingt Ihnen gut eine dichte Atmosphäre zu erzeugen. Der zentrale Konflikt wird früh genug zur Sprache gebracht. Der Spannungsbogen erhöht sich sukzessive. Eine weitere Qualität Ihrer Kurzgeschichte ist die wörtliche Rede, damit ziehen Sie den Leser sofort hinein in die Szene."

Markus hat Glück

„O.k. die Suchmeldung ist draußen!", sagte Wachtmeister Brandner zu seinem Kollegen Moser.

Der Wirbelsturm, der die Hänge dem Erdboden gleichmachte, hatte sich endlich beruhigt. Drei Gehöfte am Moosacher Klamm konnten evakuiert werden.

Herr Aichner blickte gen Alpen, so was hatte er noch nie gesehen. Der ganze Apfelhang war verwüstet. Die ganze Ernte war dahin. Eine Katastrophe. Mit seiner Familie, seiner Frau und den Töchtern Emilia und Natalia, konnte er sich gerade noch in Sicherheit bringen. Ein Evakuierungstrupp brachte sie zu den befreundeten Griesgrubers. Frau Aichner schluchzte vor sich hin. Ihr kleiner Sohn Markus war nicht mitgekommen. Er war plötzlich weg. Sie hatte ihn in aller Eile nicht gefunden. Sie zermarterte sich den Kopf. Wo war er nur gewesen? Bei der Apfelernte? Oder beim Spielen?

Frau Griesgruber brachte frischen Kaffee und Kakao. Während sie warteten, hatte sich der Sturm endlich beruhigt und ging in einen feinen Regen über. Herr Aichner stierte zum Fenster hinaus. Hinter dem Bergkamm kam ein leichtes Abendrot hervor. Der Regen wurde wieder stärker und es goss die ganze Nacht hindurch. Der Suchtrupp durchforstete bei strömendem Wolkenbruch bis zum Morgen den ganzen Hang. Sie fanden nichts.

Am nächsten Tag liefen die Aichners voller Besorgnis zum Polizeirevier, um sich nach einem Lebenszeichen zu erkundigen. Der Trupp fand nur ein paar Kindersandalen. Von dem Jungen fehlte jede Spur. Frau Aichner hielt die Sandalen ihres Sohnes fest umschlungen. Sie war den Tränen nahe. Wo war Markus nur geblieben? Jetzt ohne Schuhe? Hoffentlich war ihm nichts passiert!

Als der Wachtmeister mit ihnen sprach, kam plötzlich wieder ein neuer Orkan auf. Herr Moser brachte Kaffee und versuchte, zu ermutigen. Frau Aichner hielt das Warten nicht mehr aus. Jetzt hatte auch Herr Aichner die Nase voll, er wollte Markus selbst suchen.

Als sich der Sturm erneut zu legen schien, traten sie entschlossen den Heimweg an. Am Apfelhang angekommen starrten sie entsetzt nach oben. Vereinzelte Apfelbäume hatten standgehalten. Sonst war alles wie leergefegt. Trostlos. Enttäuscht und traurig stieg die ganze Familie den Hang hinauf. Plötzlich zeigte Emilia mit dem Finger in die Ferne zum Hang.

„Mama, da ist doch etwas im Gebüsch!"

Ein blonder Schopf bewegte sich dort. Frau Aichner wollte jedoch nichts mehr sehen und hören. Als sie näher kam, wollte sie ihren Augen nicht trauen. Emilia hatte Recht. Da war jemand. Ja, das war doch Markus. Er war inzwischen aus dem Gestrüpp geklettert. Als sie fast oben angekommen waren, verfinsterte sich der Himmel erneut und ein neuer Sturm brach los. Von Markus war weit und breit keine Spur mehr zu sehen. Er war wie vom Erdboden verschluckt.

Nach einer Stunde hatte der Sturm wieder nachgelassen. Sie krochen endlich aus ihrem Unterstand hervor.

Plötzlich kam ein Hund angerannt und brachte die Kappe von Markus.

Frau Aichner sank zu Boden, das war zu viel für sie. Ihr Mann half ihr auf und ermutigte sie weiter zu klettern. Wenn sie sich beeilten, dann würden sie ihr Haus noch erreichen, bevor ein neuer Sturm losbrach. Frau Aichner rührte sich nicht. Sie hatte jeden Mut verloren. Die Sandalen und die Kappe fest in der Hand saß sie da und weinte.

Emilia redete ihr zu:

„Komm Mama, da oben ist Markus, wir haben ihn doch gesehen!"

„Das war eine Vata Morgana", erwiderte Frau Aichner ermattet.

Emilia versuchte, ihre Mutter nach oben zu ziehen. Dabei rutschten sie auf dem schlammigen Hang aus und landeten auf dem Boden. Herr Aichner und Natalia versuchten ihnen auf die Beine helfen, aber sie rutschen alle immer weiter den Berghang hinab. Nach einiger Zeit hörten sie plötzlich eine Kinderstimme.

„Mama!"

Sie drehten sich um und erkannten Markus, der zu ihnen herunter geklettert war. Frau Aichner stellte sich sofort auf die Beine.

Als sie ihren Sohn in die Arme nahm, schaute sie ihn mit besorgten Augen an:

„Wo warst du, Markus? Wir haben dich überall suchen lassen!"

Von seinem Vater, Natalia und Emilia umringt zeigte Markus auf das Gestrüpp am Abhang.

„Was ist mit dem Gestrüpp?", erwiderten sie irritiert.

Am Hang angekommen fand Herr Aichner unter dem Gestrüpp eine Höhle, die tief ins Berginnere führte. Markus stand daneben und schaute versunken einen Apfel an.

Mit großen Augen sah er zu seinen Eltern auf und sagte:

„Schaut mal, ich habe einen Apfel gerettet, der ist bei mir reingefallen!"

Seine Eltern betrachteten ihn gerührt. Jetzt schossen Markus Tränen in die Augen und er wimmerte:

„Ich hab gedacht, ihr seid schon tot, weil alles so dunkel war und ich ganz alleine hier oben war!"

Nun beugten sich seine Eltern zu ihm herunter und drückten ihn fest an sich.

Als sie ihr Haus erreichten, standen Körbe von Äpfeln vor der Tür. In der Stube saß der Sepp und qualmte an seiner Pfeife.

„Ich hab` ein bisschen aufgeräumt. Das hat ja ausgesehen wie nach Sodom und Gomorrha! War' s recht so?", nuschelte er vor sich hin und zwirbelte an seinem Bart.

Er zwinkerte Markus zu:

„Hast jetzt wieder rausgefunden aus deinem Versteck? Du hast ja alle auf Trab gehalten!"

Herr Aichner fragte ihn verblüfft:

„Ja Sepp, hast du davon gewusst?"

Der Sepp hatte sich inzwischen die Jamsjacke angezogen und war schon am Gehen, da blinzelte er ihm zu:

„Ja freilich, da hab ich schon als kleiner Bub drin gespielt!"

Herr Aichner verstand gar nichts mehr und sagte entrüstet:

„Das musst du doch der Polizei sagen!"

Aber der Sepp war schon aus der Tür und rief ihm noch nach:

„Ach ja, die müssen doch auch was zu tun haben!"

Als er den Kiesweg vor der Haustüre betrat, strich er Markus, der gerade in den Apfel biss, verschmitzt über den blondgelockten Kopf.

Spätberufen

Humor-Tragik-Kurzgeschichte

Widmung

Für alle Leidtragenden von Korruption

Vorwort

Kommentar einer Kinderkrankenschwester:

„Hat er nun lieber Lust ein Seniorstudium zu belegen oder darf er bald keine eigenen Vorlesungen mehr halten? Dieses Gespräch wird so oder ähnlich wohl an manchem abendlichen Essenstisch geführt; man erkennt den einen oder anderen Satz, den man selbst entgegnen würde oder schon gedacht hat. Interessant wäre, die beiden noch zu anderen Themen der Gesellschaft zu hören, zu etwas, was so in ihren Alltag „einbrechen" könnte."

Anonymer Kommentar:

„Bei „Spätberufen" finde ich die Situation sehr spannend, weil es ein sozialkritisches Thema ist, mit dem wir uns alle sehr bald auseinandersetzen müssen. Ein wirklich gut gelungener Einakter, der sich unverkrampft in das eigene Gemüt drängelt. Insgesamt habe ich schon mehr Short-Storys von Luzie Pan gelesen und war nie enttäuscht - Danke für die Kurzweiligkeit."

Bewertung meines Lektoren:

„Der in Ihrem Text zum Einsatz kommende, in erster Linie witzige und authentisch wirkende Dialog erfüllt treffend die Funktion, die Handlung voranzutreiben und Ihre Figuren zu charakterisieren. Weniger wurde dabei zwar beachtet, wie Mimik und Gestik das ausgesprochene Wort unterstreichen, und auch auf nonverbale Elemente rekurriert, womit Figuren besonders plastisch zutage treten. Aber nicht immer ist es empfehlenswert, Mimik und Gestik mit einzubeziehen. In Ihrem Fall hätte es das Erzähltempo beeinträchtigt, das nicht zuletzt den Reiz dieses Feuerwerks an Rede und Gegenrede ausmacht. Darüber hinaus lebt dieser Dialog gleichwohl von der Schwebe, in der die Handlung weitgehend belassen bleibt, den vielen Andeutungen, die sich erst ganz zum Schluss in etwa auflösen. Das haben Sie gekonnt inszeniert und mit spürbarer Lust am Text zum Besten gegeben - die Lektüre hat sehr viel Spaß gemacht."

Zitat

„Selig, die ein reines Herz haben,

denn sie werden Gott schauen."

(Mt 5,8 (NT))

Spätberufen

„Bist du schon zuhause?"

„Jo, Jo!"

„Wie? … keine Vorlesung heute?"

„Ne, haben wir vorverlegt, so können die Studenten früher zu Mami und Papi!"

„Du dozierst bei Erstsemestern?"

„Ja, auch die! … Wieso nicht?"

„Man hat man dich als Studiendekan vorgeschlagen und du lehrst bei Erstsemestern?"

„Eben drum!"

„Können das nicht deine Doktoranden machen?"

„Ach so … ja genau, die müssen ja die Veröffentlichungen verfassen in eurem Namen, nicht wahr?"

„Nun mach mal einen Punkt. Die schreiben ihre eigenen Arbeiten!"

„Ach ja?"

„Für mich schreibt niemand!"

„Träum weiter Bärchen, vergiss nicht, ich habe auch mal studiert."

„Und es war sehr weise von dir, es nicht zu beenden."

„Wie meinst du das?"

„Eine Physiotherapeutin reicht ja … oder wie? … wenn sie es zur Ärztin nicht geschafft hat … was?"

„So meine ich das nicht!"

„Sondern?"

„Ich hab übrigens noch die letzte Ente ergattert!"

„Und ich hab noch den besten Wein von Aldi mitgebracht!"

„Von Aldi?"

„Ich meine das so … also ich will bei den Erstsemestern …"

„Du willst sie vor einer Korruptionskarriere bewahren … schon verstanden!"

„Naja nicht so ganz."

„Nämlich?"

„Ich meine, es ist doch wichtig, die Fähigkeit reflektiert und selbstständig zu denken zu entwickeln zu fördern."

„Wie du immer redest, würden sie was Vernünftiges lernen, müssten sie sich sowas nicht im Studium aneignen."

„Du meinst so wie Markus oder Tina?"

„Ja!"

„Aber der hat seit Neuestem hohe Ziele! … Will den Master und ein Doktorat machen."

„Wie geht das denn? … Ach das sind seine üblichen Spinnereien. Soll auf dem Teppich bleiben!"

„Was ist mit Tina?"

„Sie möchte ihren Job bei der Bank kündigen … hat sich in England an einer Uni beworben."

„Tina? … Warum sagt mir das keiner! Zzzzz!"

„Willst du Risotto oder Pasta?"

„Bist auch schon italienisiert was? … Ich möchte bitte Reis."

„Was heißt hier italienisiert? … Nur weil Du im Mittelalter und bei deinen Koeffizienten steckst und dich mit

Elementarteilchen beschäftigst, bin ich italienisiert, weil ich die Dinge so ausspreche, wie sie nun einmal heißen!“

„Früher hieß das Reis oder Nudeln.“

„Ich bin dafür, dass wir unsere deutschen Sprachkenntnisse behalten.“

„Ach, na dann lern du erstmal richtig Deutsch, du Schlesier!“

„Sachte, sachte! Vielleicht wird bald meine Volksgruppe anerkannt … als schützenswert mit Rechten und so!“

„Spar dir deinen Sarkasmus!“

„Für mich heißt das Risotto und Pasta, basta!“

„Sag mal, was ist eigentlich aus deinem Antrag wegen der Frühpensionierung geworden?“

„Ich warte.“

„Warum willst du eigentlich in Frühpension gehen?“

„Keine Lust mehr auf Quantenphysik und Hundertjährigen Krieg? Oder gehen dir die Studenten auf den Geist?“

„Habe meine Gründe.“

„Ach und darf man davon erfahren?“

„Wenn es so weit ist.“

„Zzzzz, immer diese Geheimnistuerei, typisch! … vergiss nicht, du bist verheiratet … mit mir!“

„Aber nein, wie sollte ich!“

„Es ist übrigens ein Brief von einer Universität gekommen.“

„Ah, danke.“

„Wie kommt's?“

„Ach, der ist sicher nur wegen dem Austausch!“

„Wegen des Austausches? … Welchen Austausch? … Lass mal sehen!“

„Nä, mache ich später auf!“

„Wieso, lass mal sehen! Komm gib her!"

„Nicht so wichtig. Bekommt das ganze Kollegium! ... Hat sich eigentlich der Herr Sohn gemeldet? ... Der Flieger müsste doch längst angekommen sein?"

„Woher soll ich das wissen! Bin gerade erst gekommen!"

„Mmh, ... wieviel Stunden Zeitverschiebung sind das denn? Mal kurz nachrechnen."

„Und Frau Tochter? ... Ach ja die wollte ja hier sein ... wie immer, wenn es was zu futtern gibt!"

„Willst du auch Salat?"

„Gerne."

„Wie läuft es so in der Praxis? Wie geht` s den Patienten?"

„Naja, wie es ihnen geht, darf ich dir nicht sagen, aber momentan kommt es wieder geballt. Wohl das Wetter! ... Oder die Ärzte haben ihr Budget noch nicht ausgeschöpft."

„Ach du Arme!"

„Hoffe nur, dass die Diagnosen dieses Mal stimmen!"

„Wieso?"

„Letztes Jahr hat die Krankenkasse uns tausend Euro nicht gezahlt, weil die Schlüssel nicht gestimmt haben. Den Ärzten ist das egal, die schreiben hin, was ihnen so einfällt und wir sind die Leidtragenden."

„Mhm."

„Was soll` s, das ist mein Job! ... Besser als Unikorruption!"

„Musste jetzt Überstunden machen?"

„Das kannste glauben, deswegen bin ich gerade erst gekommen und das Essen ist noch nicht fertig!"

„Schätzchen du ... ich geh noch kurz mit dem Hund."

„Zieh dir ne warme Jacke an. Es ist saukalt."

„O.k. bis später."

„Jetzt möchte ich es aber genau wissen … Wie? Bewerbung für Seniorenstudium in Archäologie … Was soll das denn?"

„Na, das ging aber schnell!"

„Hab den Gartentorschlüssel vergessen."

„Wo du immer deinen Kopf hast Herr Quantenphysiker!"

„Schätze er ist auf meinen Schultern. Tschüss!"

„Tschüss!"

„Ich glaub es nicht. Der ist total übergeschnappt!"

Kurzgeschichten
Romantik
Unfall mit Folgen
Das passende Kleid
Zug ins neue Leben
Luzie Pan
©LuziePan

Romantik-Kurzgeschichten

Unfall mit Folgen

Romantik-Kurzgeschichte

Widmung

Für die Öko-Milchbauern, kleiner Scherz ;). Nein, es gibt gar keine Widmung ;).

Vorwort

Kommentar von Arno von Rosen (Thriller-Autor):

„In den Zeiten, wo Paare sich regelmäßig treffen, um sich literarisch gegenseitig den Hintern zu versohlen, bildet diese Romanze schon eine extreme Ausnahme. Schüchtern nähern sich die Figuren an, und lassen (nicht ganz) offen, ob es ein weiteres Gefühlschaos geben wird. Eine Gute-Laune-Geschichte für Jung und Alt, und der Beweis, dass Luzie Pan mehr als nur „Drama" kann."

Kommentar von Arno von Rosen (Thriller-Autor) zu „Unfall mit Folgen", und folgend zu „Das passende Kleid" und zu „Zug ins neue Leben":

„Kurze und knackige Geschichten um die Liebe im normalen Leben, mit besonderen Charakteren. Witzig und gefühlvoll beschrieben, und immer mit einer Botschaft zwischen den Zeilen. Nicht nur für Frauen geeignet, und immer mit einem Augenzwinkern versehen."

Anonymer Kommentar:

„Kein klassischer Liebesreigen, der sich mit Ärzten, Krankenschwester, oder dergleichen hinschmust, sondern der Versuch, Gefühle aus dem Verborgenen ans Licht zu holen. Der Leser darf selber entscheiden, wie weit die Figuren am Schluss gehen dürfen, denn die Storys werden nicht bis zum Letzten ausgenudelt. Es lohnt sich, einen Blick hinter die Kulissen zu werfen, um die Besonderheiten der realen Liebeleien zu entdecken. Ein kurzweiliges Vergnügen."

Bewertung meiner Lektorin:

„Glücklicherweise schreiben Sie den Verliebten kein für eine Short Story unpassendes, weil zu großes Happy End zu, sondern lassen offen, ob sich die beiden tatsächlich wiedersehen werden."

Unfall mit Folgen

„Alpenzeller Käse, Burgunder Rotwein, französisches Baguette, frische griechische Oliven mit Knoblauch und Mandeln gefüllt, eingelegte Zucchini und Auberginen vom Türken, frisch gepressten Orangensaft in der Kühlbox"

Die blondgelockte Sabine ging die Einkaufsliste nochmals durch und lugte dabei abwechselnd in den Einkaufskorb. Ihr Blick streifte zufrieden über die blühenden Wiesen der Anhöhe am Berghang der Alpen. Kuhglocken gepaart mit Muhen tönten in der Ferne. Emsige Bienen schwirrten umher und befruchteten summend die Blüten.

„Okay", dachte Sabine, nachdem sie die Picknickdecke ausgebreitet hatte, „den Rest bringen mein Schatz Hannes und die anderen mit", resümierte sie.

Es war Spät-August. Vortags hatte es ein bisschen geregnet, aber die Weide war wieder trocken genug zum Sitzen darauf. Sie freute sich so sehr, diesen Stress hinter sich zu haben und feiern zu können. Sie hatte ihr letztes Examen tatsächlich bestanden! Es kam ihr wie ein Wunder vor. Während sie Ihre Einkäufe aus dem Korb auf der Brotzeitdecke platzierte, lief ihr schon das Wasser im Mund zusammen. Die Sonne stand jetzt hoch am Himmel. Es war immer noch sehr warm. Ein Sonnenschirm hätte nicht geschadet. Egal. Plötzlich klingelte ihr Handy.

Der Südtiroler Marco mit kantigem Gesicht und sanften Augen schwang mit muskulösem Arm die Stalltür hinter sich zu. Seit drei Monaten machte er ein Praktikum in der Milchwirtschaft einer Alm. Der Senner Alfons hatte die neuartigste Melkmaschinenanlage, worüber er eine wissenschaftliche Arbeit schreiben wollte. Marco liebte die Einsamkeit und Ruhe auf der Alm. Ein Kontrast zum hektischen Universitätsalltag in der Stadt. Er plante selbst einmal eine Alm zu übernehmen, aber nicht alleine. Alfons hatte ihn nun ins Dorf für Besorgungen geschickt.

Nach einem steilen mühsamen Abstieg bog er mit Schweißtropfen auf der Stirn auf einen Kiesweg voll Geröll ein. Hier sollte er aufpassen, das wusste er.

Das kurzärmelige gemusterte Sommerkleid flatterte im Wind, als Sabine auf ihrem Rad singend den kurvigen Kiesweg hinunter bretterte. Sie hatte es eilig. Die Freunde hatten eine Auto-Panne und sie musste sie vom Bahnhof abholen, da sie sich in der Gegend hier sicher nicht zu Recht fanden. Außerdem war bei dem schönen Wetter eine sportliche Bestätigung ganz angenehm. Plötzlich sah sie ein scheues Reh am Berghang gegenüber auftauchen, das gleich darauf wieder im Wald verschwand. Eine Seltenheit! Fasziniert guckte sie dem Kitz hinterher. Ein Fehler.

Nun lagen sie da. Sabines Fuß war unter dem Hinterreifen eingekeilt. Als der noch total benommene Marco sich langsam aus der reflexartigen Umarmung löste, sah er überrascht in strahlend blaue Augen. Der Steinschotter auf dem Kiesweg war unter die Reifen des Rades gerollt, so dass Sabine ins Schleudern kam, vom Rad fiel und Marco, der gerade hinter einem Gebüsch auf den Kiesweg einbog, in die Arme landete. Zum Glück war nicht mehr passiert, als Grasflecken auf Kleid und Hose und ein paar Schrammen.

Nachdem sie sich aus der misslichen Situation befreit hatten, saßen sie wenig später gemeinsam am „Picknicktisch".

Marco hatte Sabine vorsichtshalber mit einem Notfallverband versorgt. Den Unfall hatte er schon fast wieder vergessen. Der Reifen war zwar platt, aber was soll`s. Etwas anderes zog Marco in seinen Bann. Er wollte die Einladung erst gar nicht annehmen. Aber jetzt war er wie in Trance. Diese Augen! Sein Herz hüpfte, als Sabine, während sie eine Köstlichkeit nach der anderen, die sie vorhin wieder eingesammelt hatte, aus dem Korb hervor zauberte, rein zufällig mit ihrem Arm den seinen berührte. Marco bekam vor lauter Aufregung kaum etwas herunter. Vielmehr fuhr sein Magen Achterbahn! Sabine hingegen schlug genüsslich zu. Sie hatte den Schock schnell überwunden. Hart im Nehmen! Ab und an schielte sie verstohlen auf die Uhr. Der Zug musste längst angekommen sein. Wo waren sie bloß? Hatten sie sich verlaufen? Sie hatte ihren Freunden per Smartphone eine Wegbeschreibung geschickt, während Marco den Notfallkoffer geholt hatte. Denn Sabine war klar gewesen, dass sie nicht mehr zum Bahnhof kommen konnte. Marco wagte es nicht, seine Augen von Sabine, die ihn vergnüglich angrinste, zu nehmen. Das war wirklich seine Traumfrau, obwohl er so gut wie nichts von ihr wusste. Außerdem war es ein Genuss, ihr beim Essen zuzusehen. Darüber vergaß er ganz, dass er eigentlich ins Dorf sollte.

Nach einer Weile kamen plötzlich Sabines Freunde keuchend den Hang nach oben gekrochen. Vorne an Hannes. Sie begrüßten Sabine und fingen an, aufgeregt von ihrem Missgeschick zu erzählen, während Hannes Sabine einen innigen Kuss auf den Mund gab. Bei diesem Anblick rutschte Marco das Herz in die Hose und er schaute Sabine irritiert an. Sie hob unmerklich entschuldigend die Mundwinkel an. Aus der Traum!

Aber Marco ließ sich nicht so leicht entmutigen und blieb. An seinen Chef dachte er längst nicht mehr und daran wie er ursprünglich hierhergekommen war. Gegen Abend waren auch Apfelkuchen, Kaffee und Spumante vertilgt. Als die Grillen anfingen zu zirpen und alle aufbrachen, schob Sabine Marco unbemerkt ihre Telefonnummer zu. Er nahm sie schüchtern entgegen und erhaschte ein sehnsüchtiges Lächeln von Sabine, als er sich zum Gehen wandte, dass er mit dem Gleichen beantwortete, während er ihr nachwinkte.

„Mein Gott, der Almwirt", fiel es ihm plötzlich siedend heiß ein.

„Ach, das muss bis morgen reichen".

Alfons lachte nur, als Marco endlich mit der Sprache herausrückte. Er hatte alles von seiner Alm aus beobachtet und sich dabei köstlich amüsiert. So eine reizende „Sennerin" hätte ihm auf seine alten Tage auch noch gefallen.

Das passende Kleid

Romantik-Kurzgeschichte

Widmung

Für alle kinderlosen Frauen und Paare

Vorwort

Kommentar einer Kinderkrankenschwester:

„Wieder wie im Märchen …, aber nur für Frauen! Vorsicht, Klischees. Und doch: etwas, was jeder gern liest: Geliebt werden, nicht weil man sich toll fühlt, sondern weil man einfach da ist, egal wie unpassend man sich im Moment erlebt."

Kommentar von Arno von Rosen (Thriller-Autor):

„Kleid, Frau, und der passende Mann. Ist es so einfach? Zum Glück nicht, denn Luzie Pan schreibt die wahre Geschichte wieder zwischen den Zeilen. Die Generation der Frauen, von Ende Dreißig bis Mitte Vierzig, geprägt von Elternhäusern, für die individuelle Freiheit und Selbstverwirklichung im Vordergrund standen. Nicht in ein starres Konzept gepresst, sondern sich ausprobieren dürfen. Aber nicht für alle ist dieser Traum Wirklichkeit geworden. Frauen, die Kinder bekommen, Karriere machen, und so einfach nebenbei einen passenden Mann finden. Mit einem Augenzwinkern beschreibt die Autorin die Unwägbarkeiten einer funktionierenden Beziehung in der heutigen Zeit, und tatsächlich ist einiges der Story mit dem Hauch eines Klischees behaftet, aber ein gutes Klischee verweist immer auf die Realität. Diese wurde kräftig gewürzt, und mit einem winzig kleinen Schuss rosa Brille versehen, und ist damit ein schöner Verschnaufer des Alltags geworden."

Bewertung meines Lektoren:

„Keine Frage: Der Text ist anschaulich und flüssig geschrieben. Humorvoll erzählen Sie die Geschichte von Lina, die von ihrem Lover verlassen wurde, ein Kind möchte und schließlich die Liebe ihres Lebens findet. Sehr schön schildern Sie die Begegnung Linas mit Raul … Sehr gelungen die Pointe am Schluss ... Dies haben Sie prima herausgearbeitet. Der Text ist zudem gut strukturiert. Alles in allem hat die Lektüre wieder Spaß gemacht!“

Zitat

„Bittet, dann wird euch gegeben,

sucht, dann werdet ihr finden;

klopft an, dann wird euch geöffnet.“

(Mt 7,7 (NT))

Das passende Kleid

Lina trug ein blass-blaues Leinenkleid, das ihr zu groß schien, und an ihr herunter schlackerte. Dabei war sie schon groß. Man sah es ihr nur nicht an. Zumindest an ihrer Kleidung. Jetzt fühlte sie sich auf irgendeine Weise fehl am Platz. Sie war gerade aus dem Urlaub, den sie mit ihrer Freundin Sarah auf den Kanarischen verbracht hatte, zurück nach Wiesbaden gejettet. Ein heißer Sommer. In jeder Hinsicht. Jedoch nicht für sie.

Nun saß sie in der Ankunftshalle und wartete, dass sie jemand abholte, indessen Sarah mit ihrem neuen Lover David unlängst abgezogen war. Sie blieb eine Stunde in Warteposition. Von den superbequemen Plastikstühlen, traute sie gar nicht aufzustehen, um sich eine Cola zu holen, aus Angst sie würde ihn verpassen. Aber Mark kam nicht. Es war schon klar gewesen. Enttäuscht schipperte sie allein nachhause.

Lina hatte sich zweiundvierzig Jahre lang das Leben genommen. Wie es ihr kam. Ohne Rücksicht auf Verluste. Was hatte sie noch zu verlieren? Als ihre Eltern kurz nach ihrer Geburt bei einem Autounfall ums Leben gekommen waren, war sie bei ihrer Tante Kriemhilde aufgewachsen. Mit achtzehn hatte sie das Weite gegen die Enge, die sie nervte, gesucht. Sie hatte fast alles durch. Alle Jobs. Alle beruflichen, studien-mäßigen Ausbildungen und beziehungsmäßigen Möglichkeiten. Angefangen mit einer Friseurlehre, dann die Abendschule mit Abitur, das abgebrochene Psychologiestudium bis zum Call-Center. Das übliche Programm.

Die Ferien hatten ihr den Rest gegeben. Jetzt war Schluss. Sie wollte endlich ankommen! Schließlich war sie keine zwanzig mehr! Was sie mit Entsetzen feststellte, wenn sie sich im Spiegel betrachtete. Irgendwann hatte sie Kinder gewollt. Zur falschen Zeit, mit dem falschen Mann. Jetzt war sie wieder solo. Wie es schien. Mark wollte sie anscheinend nicht mehr. Dieser Idiot. Selbst Schuld! Ihre Frauenärztin meinte, sie müsste sich beeilen, wenn das noch etwas werden sollte. Kinder! Sie fühlte sich selbst noch wie ein Kind.

Auf dem Weg zu ihrem Haus spazierte sie bei Kaisers vorbei und wollte Milch holen. Es war kurz vor zweiundzwanzig Uhr. Die übliche Boygroup der Personaldecke, die dort malochte, um sich ihr Taschengeld aufzubessern, räumte gerade die letzte Warenlieferung ein. Einer von ihnen lief immer wie eine Tomate an, wenn sie bei ihm bezahlte. Er war höchstens sechszehn, siebzehn, maximal achtzehn. Es schmeichelte ihr zwar, aber das war einfach absurd. Sie hätte seine Mutter sein können! Sie wollte einen richtigen Mann! Heute war der Südamerikaner, der wirklich nicht zu verachten war, an der Kasse und fragte sie, ob sie Sammelsticker für die Kinder wollte. Lina runzelte die Stirn. Dann strahlte sie und nickte eifrig. Man traute ihr eine Mutterschaft zu. Stolz verließ sie den Laden und ein seliges Lächeln umspielte ihren Mund.

Sie bog in ihre Straße ein und sinnierte, ob sie nicht eine Patenschaft für ein Kind in ärmlichen Verhältnissen übernehmen sollte. Letztes Jahr hatte sie für Wiesbadener

Kinder bei einem Weihnachtsbasar gespendet. Sarah nahm sie bei allen ihren mütterlichen Aktionen stets auf den Arm. Klar sie war auch noch jünger. Zur Samenbank hatte Sarah sie geschickt. Super! Sie wollte einen richtigen Vater für ihr Kind, wenn sie selbst schon keinen Vater mehr hatte und keinen aus der Samenbank. Unwillig schob sie den Gedanken weg und schloss die Haustür auf. Oder sollte sie sich einen Hund zulegen?

Am nächsten Tag ging sie wieder zum Dienst. Sie arbeitete seit einiger Zeit bei der Stadtverwaltung als Elternzeitvertretung und stellte Reisepässe aus. Es war Mittagspause. Beim Türöffnen fiel ihr plötzlich das Smartphone aus der Hand. Während sie sich bückte, um es aufzuheben, griff eine zweite Hand danach. Dabei stieß ihr Schädel an den eines anderen. Es war ein Kopf mit schwarzgelocktem krausem Haar, das ein freundlich lächelndes Gesicht umrahmte.

„Entschuldigung", war alles, was sie herausbrachte, als sie in die tiefschwarzen Augen, die sich in diesem Gesicht befanden, schaute und es ihr dabei heiß und kalt über den Rücken lief.

„Nein, Nein das war meine Schuld!", antwortete das Gesicht, das zu einem stattlichen Mann gehörte, der ihr beim Reichen des Smartphones aus Versehen mit einem Finger leicht über den Handrücken strich.

Es schien eine Ewigkeit zu vergehen, bis Lina ihre Stimme wieder fand.

„Lust auf einen Kaffee!", fragte sie der Mann spontan, bevor sie etwas erwidern konnte.

„Äh … ja", stotterte Lina, wobei sie den Mann immer noch anstarrte.

Der Schwarzgelockte berührte sie leicht am Arm und geleitete sie wie in Trance zum nächsten Café, wo er ihr höflich die Tür öffnete, wohlerzogen den Mantel abnahm, an die Garderobe hang, ehe Lina sich versah.

Nun saßen sie sich an einem kleinen Bistrotisch gegenüber und tranken Kaffee, den der Mann bereits beim Hineingehen per Handzeichen bestellt hatte. Immer noch elektrisiert blickte Lina in seine sanften Augen. Das musste ein Traum sein. Ein völlig fremder, unbeschreiblich gutaussehender Mann hatte sie zu einem Kaffee eingeladen, schoss es ihr durch den Kopf. Er hatte sie sicher mit jemand verwechselt. Sie wollte sich kneifen, um aus diesem Traum wieder aufzuwachen, denn sie konnte das alles nicht glauben. Aber sie ließ es. Stattdessen saß sie stocksteif da.

„Erinnern Sie sich wirklich nicht mehr?“, grinste der Mann freundlich, wobei seine weißen Zähne blitzten.

Lina schüttelte zaghaft den Kopf, immer noch sprachlos.

„Sie haben mir den Reisepass ausgestellt, letztes Jahr. Ich war der, der es so eilig hatte nach Südamerika zukommen“.

„Südamerika“, grübelte Lina.

Sie versuchte, sich an letztes Jahr zu erinnern. Zu dieser Zeit war sie noch mit Karl zusammen. Zur falschen Zeit. Mit dem falschen Mann, wie sie später erkannte. Damals hatte sie nur Augen für ihn gehabt und war überzeugt, dass Karl der Richtige war. Ihre Kunden hatte sie in dieser Zeit nicht wahrgenommen. Sie waren Luft für sie, die ins Bürgeramt rein- und wieder rauswehte. Wie sollte sie sich da entsinnen können?

„Nein, wirklich nicht“, wisperte sie, wobei sie merkte, wie eine leichte Röte in ihr sonst blasses Gesicht stieg, denn es fühlte sich plötzlich glühend an.

Ihr Herz schlug Saltos, je länger sie diesen Mann ansah und ihr gewahr wurde, dass sie sich in der Realität befand. Es verging eine Ewigkeit, die sie anhalten wollte. Schließlich lächelte Lina. Auf einmal wusste sie es. Auf diesen Moment hatte sie ihr Leben lang gewartet. Sie war endlich zur richtigen Zeit, mit dem richtigen Mann, am richtigen Ort. Es war genau richtig und ihre Hände begannen zu schwitzen, wie immer, wenn sie erregt war.

Der Mann beantwortete ihr Lächeln und berührte zärtlich ihre Hände, die vor Schweiß trieften, was ihn nicht zu stören schien. Eine weitere Weile, bei der die Sekunden unbarmherzig voranschritten, saßen sie da und sahen sich an. Lina genoss die Wärme seiner Hände, die weich und geschmeidig waren, wie die eines Klavierspielers. Der Kaffee war längst kalt geworden. Irgendwann drehte sich der Mann um, winkte den Ober herbei und zahlte.

Als sie das Café verließen, beugte er sich an ihr Ohr.

„Ich komme morgen wieder!“

Dann drückte er ihr die Hand liebevoll.

Lina sah ihm einen Augenblick entzückt hinterher, wie er mit rhythmischem Hüftschwung um die Ecke bog.

Drei Monate später war Lina im zweiten Monat schwanger.

Sie freute sich riesig, als sie Raul die Nachricht überbrachte, der sie schwungvoll in die Arme nahm, als sie die Wohnungstür hinter sich zu fallen ließ.

Vier Monate später lief Lina beim Einkaufen zufällig Mark über den Weg, der sie verdutzt begutachtete.

„Ach, du bist wohl in anderen Umständen?“

„Das kann man so sagen“, grinste sie ihn an und stolzierte an ihm vorbei.

Mark sah ihr ungläubig hinterher, als sich von rechts kommend ein Latinomann bei ihr unterhakte.

„Wie hast du das nur gemacht, Lina?“, stöhnte Sarah und rührte in ihrem Latte macchiato, als sie am nächsten Tag mit Lina im Café saß.

„David ist übrigens über alle Berge“, schnaufte sie und legte den Löffel neben dem Glas ab, „auf der Suche nach einer neuen Trophäe“, zischte sie und führte das Glas zu ihrem Mund.

„Ich habe gar nichts gemacht, es ist einfach passiert!“, erwiderte Lina, dabei strich sie sich über den Bauch und setzte sich Sarah gegenüber.

Sarahs Blick fiel auf ihren Bauch und schmunzelte.

„Na jedenfalls passt dir jetzt das Kleid!“

Zug ins neue Leben

Romantik-Kurzgeschichte

Widmung

Für alle Demenzkranken und ihre Pflegenden

Vorwort

Kommentar von Arno von Rosen (Thriller-Autor):

„Es ist geschafft! Drama und Liebesgeschichte vereinen sich zu einer turbulenten flüchtigen Liebe. In den Hauptrollen sehe ich schon Jean Paul Belmondo (der Junge natürlich) und Jean Seeberg, die ihre Liebe über die Grenze retten, und ihre Partner hinter sich lassen. Allemal hätte die Geschichte das Potential für ein richtiges Buch, aber auch ein kurzes Vergnügen macht ja bekanntlich Spaß. Vielleicht findet die Story ja mal eine Fortsetzung."

Bewertung meiner Lektorin:

„Meine Vermutung, dass Sie die Geschichte mit einem Augenzwinkern verfasst haben, wird u.a. gestützt durch die „Käsetheke" sowie die „Wursttheke". Orte die Tragik von vornherein vereiteln. Bei einer noch stärkeren Betonung des Skurrilen im Handlungsverlauf könnte die Geschichte eine Ausnahme hinsichtlich der zumeist berechtigten Forderung nach einem Detailreichtum, der zur Anschaulichkeit beiträgt, darstellen. Und zu der Forderung, nicht das Geschehen eines Romans in einer Short Story zu behandeln. Zuweilen kann die Oberflächlichkeit eben auch Programm sein."

Zitat

„Selig, die Barmherzigen;

denn sie werden Erbarmen finden."

(Mt 5,7 (NT))

Zug ins neue Leben

Fast geräuschlos glitt der letzte Nachtzug aus der Halle. Der Bahnsteig war leer, bis auf einen einzelnen Mann. Der hatte sich eine Zigarette angezündet und starrte dem Zug hinterher, dessen Schlusslichter rasch kleiner wurden. Er wartete seit 18 Uhr. Er hoffte immer noch, dass sie kam. Aber sie kam nicht. Wie konnte er sie vergessen?

Mit den verschwindenden Lichtern verlöschte nach und nach auch seine Hoffnung auf ein neues Leben mit Gabriela. Sie zu kennen, hatte sein Leben komplett verändert. Ein Leben ohne ihr? Unvorstellbar! Ihre Fröhlichkeit und gute Laune beflügelten ihn. Ihre Wärme und Zärtlichkeit trösteten ihn.

Nun hatte er die Zigarette ausgedrückt, aber seine Beine schlotterten wie Espenlaub. Als er sich endlich durch den Bahnhof nach draußen schleppte, drehte ein Penner in der Vorhalle seine Runden auf der Suche nach einem Plätzchen zum Schlafen. Mitleidig schaute Günther dem Stadtstreicher nach. Auch er fühlte sich einsam.

In einer Bar ertränkte er seine Enttäuschung, bis sich einige leere Gläser vor ihm aufreihten. Zur Sperrstunde rüttelte ihn der Wirt wach, nachdem er auf dem Barhocker eingeschlafen war, und zeigte ihm die Tür. Er wusste nicht wohin.

Auf der Straße gabelte ihn glücklicherweise ein Taxi auf und brachte ihn bis vor seine Haustüre. Seinem Grölen, die Treppe nach oben, gebot seine betagte Nachbarin schimpfend Einhalt. Mit Jacke und Schuhen knallte er wie ein Stein auf die Couch. Dabei rutschte sein Handy unter das Sofa. Das Telefon machte sich am frühen Morgen bemerkbar, aber er hörte das Klingeln nicht. Beim dritten Mal kam er langsam zu Bewusstsein. Er griff in die Hosentasche. Nichts. Er rutschte auf den Boden, dann sah er, wie es unter dem Sofa hin und her hüpfte.

Es war seine Geliebte. Sie konnte ihren Mann Alfred nicht verlassen. Sie konnte nicht reden. Sie musste auflegen. Es tat ihr leid. Wenig später stand er vor ihrem Haus. So schnell gab er nicht auf. Betrübt sah er, wie sie hinter dem Fenster im Erdgeschoss mit ihrem Mann stritt.

Am Abend war seine Frau Beate früher als geplant von ihrer Geschäftsreise zurückgekehrt. Als Günther die Haustüre öffnete und die Treppe nach oben stieg, wehte ihm ein starker Geruch um die Nase. Als er den Schlüssel im Schloss der Wohnungstür umdrehte und die Türe aufschnappte, duftete es im ganzen Haus. In der Küche stand Beate gerade am Spülbecken. Irritiert fragte er, was es denn zu feiern gäbe. Sie war befördert worden. Ja, das war seine Karrierefrau, dafür lebte sie. Er heuchelte Interesse an ihrem Erfolg. In seinen Gedanken war er jedoch bei Gabriela. Anstandshalber zwang er das köstliche Mahl in sich hinein. Aber eigentlich war ihm der Appetit vergangen.

Am nächsten Samstag traf er Gabriela zufällig im Supermarkt. Er stand soeben an der Käsetheke und bestellte italienischen Käse als plötzlich sanft eine Hand auf seiner Schulter lag. Gabrielas leuchtende Augen fanden die seinen. Die Zeichen standen wohl auf Grün. Plötzlich näherte sich seine Frau der Wursttheke, die genau neben der Käsetheke lag. Er dachte, sie wäre noch in der Bäckerabteilung. Sowie Günther sie aus den Augenwinkeln sah, drehte er sich schnell von Gabriela weg, aber Beate kam schnurstracks auf ihn zu. Als Beates Blick auf Gabriela fiel, stellte Günther sie verwirrt als seine Kollegin vor. Beate lächelte reserviert und drängte zur Eile. Sie wusste nicht, dass er längst in der Firma gekündigt hatte.

Eine Woche später saß er morgens um acht Uhr mit Gabriela im Zug und fuhr mit ihr in sein neues Leben. Er war glücklich, aber befürchtete, dass ihm seine Frau gefolgt war. Er hatte sich nichts anmerken lassen. War wie immer zur gleichen Zeit ins Büro aufgebrochen. Aber vielleicht hatte sie Verdacht geschöpft?

Mittags, als seine Frau nach Hause kam und die Einkaufstasche auf den Küchentisch stellte, sah sie dort einen Zettel liegen. Günther hatte sie verlassen.

Gabrielas Mann dagegen bekam einen Tobsuchtsanfall, als er nachhause kam und einen Zettel auf dem Küchentisch vorfand. Was bildete sich seine Frau überhaupt ein? War sie jetzt völlig durchgedreht, nach allem, was sie hinter sich hatten? Eine halbe Stunde später sah es in der Wohnung aus, als hätte eine Bombe eingeschlagen. Zufällig fiel ihm ihr Handy in die Hand. Alle Nachrichten gelöscht; alle Nummern gelöscht. Scheiße.

Günther und Gabriela waren inzwischen vom Schaffner kontrolliert worden. Jetzt konnte sie niemand mehr aufhalten. Vorsichtshalber hatte sich Gabriela ein neues Mobiltelefon mit neuer SIM-Karte zugelegt.

Beate nahm die Sporttasche vom Haken, nachdem sie den Zettel zerknüllt und in den Papierkorb geworfen hatte.

Auf der Polizeiwache erfuhr Alfred, dass eine Vermisstenanzeige zwecklos war; denn erfahrungsgemäß käme seine Frau sicher wieder zurück. Den Abschiedsbrief seiner Frau hatte er als Beweis vergessen. Da kein Verbrechen vorlag, würde demnach nach seiner Frau nicht gesucht werden. Alfred war fassungslos und schrie den Polizeibeamten an. Von wegen, die Polizei dein Freund und Helfer. Wofür zahlte er denn Steuern? Langsam wurde er immer aufgebrachter. Es kam zu Handgreiflichkeiten; bis der Polizeibeamte die Sanitäter benachrichtigte, bevor dieser Mann alles zu Bruch schlagen konnte. Die Rettungsassistenten gaben ihm eine Beruhigungsspritze und transportieren ihn ins nächste Krankenhaus.

Endlich passierten Günther und Gabriela die Grenze Schaffhausen. Jetzt waren sie außer Gefahr; keiner vermisste sie. Als sie im Hotel eingecheckt und ihr Hotelzimmer bezogen hatten, fragte Alfred Gabriela, wie sie so einfach hatte gehen können. Sie lächelte nur. Sie hatte für alles gesorgt. Es gab keine Spuren mehr; er könne sie nicht aufspüren. Sie fühlte sich ganz sicher. Günther dachte an Beate. An sich hatte Beate kein großes Interesse an Gabriela gezeigt und war ihr eher gleichgültig begegnet. Ob sie auch einen anderen hatte? Womöglich hatte seine Frau ihm zuerst Hörner aufgesetzt und er war nur zu blind gewesen und hatte nichts gemerkt?

Als er so vor sich hin grübelte, kam Gabriela mit einer Flasche Champagner vom Portier zurück. Sie war in Feierlaune und wollte einen drauf machen. Günther schob seine düsteren Gedanken weg. Da summte sein Handy.

„Bleib doch, wo der Pfeffer wächst. Ich habe längst Ersatz“, las er auf dem Display seines Mobiltelefons.

Günther schnaufte. Wusste er es doch. Das war seine Frau. Eiskalt. Sie hatte sich in den letzten Jahren ziemlich verändert und er wollte es nicht wahrhaben.

Als Alfred im Krankenhaus wieder aufwachte, war er völlig orientierungslos. Neben ihm lag ein alter Mann halbtot im Delirium. Alfreds fragende Augen beantwortete die Schwester mit einem kurzen Nicken. Er sprang auf. Er musste hier weg.

Plötzlich ging die Tür auf und ein Priester kam herein. Auch das noch. Der alte Mann rührte sich ruckartig und hustete. Dann röchelte er ein letztes Mal. Alfred stierte auf den toten Mann, der mit erloschenen Augen Richtung Zimmerdecke starrte, und brach unvermittelt in Tränen aus. Sein Anblick erinnerte ihn an den Tod seines Vaters, dem er nie verziehen und immer die Schuld für alles gegeben hatte. Denn er war immer gegen Gabriela gewesen, obwohl sie ihn in seiner Demenz bis zuletzt aufopfernd gepflegt hatte. Vor einem Monat war er gestorben und jetzt war Gabriela weg.

Beate begrüßte den Fitnesstrainer Kai mit einem Kuss und schwang sich auf den Crosstrainer. Derweil er an der Empfangstheke saß und den Trainingsplan prüfte, sah er kurz auf und traf Beates Blick. Diese strahlte ihn triumphierend an. Kai verstand sofort. Die Bahn war frei. Mit ihrer Beförderung konnten sie sich ein eigenes Häuschen kaufen und womöglich bräuchte er irgendwann gar nicht mehr zu arbeiten.

Einige Wochen später teilte Gabriela Günther mit, dass sie mit ihrem Mann gesprochen habe. Er hatte ihr verziehen und ließ sie ziehen. Er hatte eingesehen, dass er sie nicht mehr halten konnte.

Der Zug fuhr ein. Sie stiegen ein. Weiter Richtung Süden. In ein Leben ohne Hörner und drangsalierendem Schwiegervater. Einfach nur frei sein.

Fantastik-Kurzgeschichte

Kurzgeschichten
Fantastik
zuviel Licht
Luzie Pan
©LuziePan

Zu viel Licht

Fantastik-Kurzgeschichte

Widmung

Für die, die mehr sehen und die man dafür für verrückt erklärt.

Vorwort

Kommentare von Arno von Rosen (Thriller-Autor):

„Bei dieser Story hat Luzie Pan bei mir offene Türen eingetreten. Ich liebe gut erzählte Science-Fiction Geschichten im Stil der 50 er und 60 er Jahre, so wie diese. Mystisch, unheimlich und in jede Richtung offen. Immer mit dem Selbstzweifel behaftet, ob nicht doch nur alles ein böser Spuk ist. Wer auf das Genre steht, bekommt hier gute Lesenahrung. Viel Spaß dabei!

Nachtrag: Es handelt sich unbewusst um die Neufassung von Goethes "Zauberlehrling", welcher ja bekanntlich Geister rief, die er nicht mehr loswurde. Eine witzige Kurzgeschichte zum Schmunzeln für Jung und Alt."

„Als begeisterter Science-Fiction Leser musste ich die Geschichte natürlich lesen, und fand sie erfrischend anders, als die gewöhnliche Space Opera mit Raumschiffen, aus denen die kleinen grünen Männchen steigen. Wer dieses Genre mag, wird bei der Story fündig. Kompliment an Luzie Pan, die sich scheinbar mühelos in jedem Bereich bewegt, ob Drama, Liebe, oder Krimi. Literatur für Schnäppchenjäger, da kann man eigentlich nicht nein sagen."

Kommentar einer Kinderkrankenschwester:

„Die Geschichte ist zu fantastisch für mich. Natürlich ist es eine verlockende Idee, wenn man eine besondere Gabe hätte, die Menschen anders wahrzunehmen. Das

(Wort)Spiel, wer eigentlich gesund und wer krank ist, stößt auch noch mal etwas an; ob wir wohl unsere fantasievolle und kreative Seite zurückdrängen? Vielleicht könnte ja eine Geschichte für Teenager daraus werden: die Entwicklung der Tochter zu sehen … wie wird sie sich entscheiden, welche Etappen wird sie durchleben?"

Bewertung meines Lektoren:

„Die Ich-Erzählerin wacht eines Nachts aufgrund des Lichts einer leuchtenden Kugel auf, dass sie überall hin verfolgt. ... Sie haben alle phantastischen Elemente sehr gut herausgearbeitet, anschaulich und vor allem spannend erzählt. Eine zudem wirklich originelle Idee! Es ist der Geschichte anzumerken, dass sie Ihnen Spaß gemacht hat! ... Alles in allem hat auch mir die Lektüre Spaß gemacht. Ein Erzählstoff der sogar noch ausbaufähig ist, woraus ein ganzer Roman entstehen könnte. Köstlich, ist auch die Schlusspointe."

Zitat

„Ich preise dich, Vater,

Herr des Himmels und der Erde,

weil du all das den Weisen und Klugen verborgen,

den Unmündigen aber offenbart hast."

(Mt 11,25 (NT))

Zu viel Licht

Es war eine düstere Novembernacht. Ich war allein zuhause. Der Hund hatte schon ein paarmal angeschlagen, als er gegen Mitternacht endlich Ruhe gab. Ich wälzte mich noch eine Weile hin und her, hörte das alte Haus ächzen und knarren und war gerade eingeschlafen, als ich spürte, dass es ganz hell im Zimmer geworden war.

Ich öffnete die Augen und sah erstaunt eine leuchtende Kugel, die durch den Raum schwebte. Ich stand auf, um sie näher zu betrachten, schürzte dabei die Hände vor meine Augen, um nicht von ihrer Helligkeit, die wie die eines Scheinwerfers war, geblendet zu werden; die Kugel flog jedoch immer in eine andere Richtung, als ich mich ihr zu bewegte.

Plötzlich hielt sie still. Sie krachte auf den Boden und löste sich auf. Das, was krachte, hörte meine Einbildung, denn die Kugel war nur Licht. Geballtes Licht. Sie war keine Materie. Es war warm geworden im Raum. Sehr warm.

Ich schnappte nach Luft und öffnete das Fenster. Was ich da draußen sah, mochte ich nicht sehen. Das war zu viel. Sofort machte ich das Fenster zu. Nicht noch mehr Kugeln.

Die Fensterläden klapperten hin und her. Ein scharfer Wind pfiff durch die Fensterritzen. Ich zog die Vorhänge zu und schritt hastig auf den Flur, wobei der Dielenboden knarrte. Auch dort war alles hell erleuchtet. Aber von was? Ich hatte das Korridorlicht doch gelöscht.

Ich hastete den Flur entlang, um dem Licht davon zu kommen. Mir schien, als ob mir die Helligkeit vorauseilte und mich gleichzeitig verfolgte. Ich huschte ins Bad, schloss schnell die Tür und drehte den Schlüssel um. Die Lichtquelle drang durch das Schlüsselloch. Jetzt hatte ich genug. Ich verließ das Bad, rannte in die Küche und verriegelte wieder die Tür. In der Speisekammer, die mit einem Vorhang abgeteilt war, versteckte ich mich. Es gab kein Entkommen.

Im Nu war die Küche erhellt und das Licht kroch unter dem Vorhang zu mir herein. Allmählich zweifelte ich an meiner Wahrnehmung. Waren das Halluzinationen. Oder eine Art Feuer? Wenn es Feuer war, warum brannte es nicht wie ein echtes Feuer? Es erzeugte unermessliche Wärme. Ich schwitzte wahnsinnig und mein Herz raste.

Ich musste irgendetwas tun! Jemand anrufen? Nur wen? Würde mir jemand glauben? War ich verrückt geworden? Das Licht hatte die Vorratskammer erreicht und erfüllte es vollkommen. Ich gab auf und beschloss nichts mehr zu tun, auch nicht mehr zu denken. Ich war todmüde.

Da hörte ich den Vierbeiner jaulen und schon kam er durch den Vorhang und das Licht hindurch angewackelt, wie durch einen Schleier, der ihn nicht zu stören schien. Sah nur ich das Licht? Ich umschlang den Hund, um mich durch ihn vor dem Lichtschein abzuschirmen, und schlief ein. Wie war er nur in die Küche gekommen? Ich hatte die Türe doch geschlossen?

Der Hund schleckte mein Gesicht ab, als ich, eingerollt unter den Marmeladengläsern, erwachte. Die Sonnenstrahlen schimmerten durch die Küchengardinen und den Vorhang bis in die Speisekammer hinein. Immer noch geplättet von dieser seltsamen Nacht stand ich auf.

Mir fiel wieder die Lichtkugel ein. Ich brauchte Kaffee. Ich füllte Kaffeepulver in den Filter und schaltete die Kaffeemaschine an, aber sie tat nichts. Unvermittelt sprang ich zum Telefon. Auch tot.

Ich rief meinen Bruder per Handy an. Der würde mir glauben. Nach einer halben Stunde stand er mit einer Thermoskanne vor der Tür und ich flog ihm um den Hals.

„Du bist überarbeitet“, tätschelte er mir den Rücken.

Ich schüttelte energisch den Kopf und tapste zum Kühlschrank.

Während ich nach der Milch griff, runzelte sich meine Stirn. Ich ließ die Milchflasche los und knallte die Tür zu.

„Das Kühlschranklämpchen ist auch aus“, stöhnte ich, lehnte mich mit dem Rücken an die Kühlschranktür und rutschte an ihr entlang hinunter auf den Boden, wobei ich mein Gesicht in meine Hände vergrub.

„Wir rufen die Hausverwaltung an!“, beschwichtigte mich mein Bruder, „oder sollen wir vorher die Nachbarn fragen?“

Da klingelte es an der Tür. Es war die Nachbarin.

„Haben Sie Strom?“, fragte diese, als ich die Tür öffnete.

„Siehst du!“, schnaubte ich zu meinem Bruder gewandt, der über den Flur zur Wohnungstür schlenderte.

„Die Sicherung ist drinnen!“, schob die Nachbarin nach und blickte uns ratlos an.

„Womöglich hat die gesamte Straße keine Elektrizität!“, rätselte mein Bruder.

Da nahm ich meinen gesammelten Mut zusammen und keuchte:

„Haben Sie auch dieses Licht gesehen in dieser Nacht?“

„Nein, was für ein Licht?“, grübelte meine Hausbewohnerin, um nach zu schieben, „aber Ihr Hund hat die ganze Nacht gebellt!“

„Der hat gebellt? Die ganze Nacht?“, wunderte ich mich.

Dann protestierte ich: „Das kann nicht sein!“

„Wenn ich es Ihnen doch sage!“, beharrte meine Nachbarin.

„Bis Mitternacht vielleicht“, verteidigte ich mich stirnrunzelnd, denn ich konnte mir das alles nicht erklären.

Ich war irritiert. Wen interessierte der Hund? Aber dieses Licht. Der Gedanke daran ließ mich nicht los.

„Jedenfalls, wenn der Strom da ist ... hier ist meine Nummer, rufen Sie mich an! Ich gehe zu meiner Schwester. So kann man nicht wohnen!“, riss sie mich aus den Träumereien.

„Ja gut ... und tut mir leid, wegen des Hundes, soll nicht nochmals vorkommen!“, erwiderte ich betreten.

Mein Bruder verständigte die Hausverwaltung und abends kehrte der Strom zurück. Ich bat meinen Bruder bei mir zu bleiben, falls die Lichtkugel wiederkommen sollte. Gegen vierundzwanzig Uhr war sie wahrhaftig wieder da. Nun glaubte mir mein Bruder. Ich war also nicht durchgedreht. Das war alles real. Sie war da und blieb eine Woche.

Immer abends besuchte sie uns. Danach erblickte ich sie nicht noch einmal. Vorerst. Die Wärme harrte aus und die Heizkosten sanken erheblich. Dann passierte etwas Merkwürdiges. Fortan flog die Sicherung heraus, wenn ich irgendwo einen Raum betrat. Nachdem die Sicherung drinnen war, war wieder alles normal.

Eines Tages überlegte ich, ob ich womöglich zu viel elektromagnetische Strahlung oder was auch immer hatte, da ich alle Stromkreise verwirrte. Um den Dingen auf den Grund zu gehen, versuchte ich diese Strahlung willentlich in Zaum zu halten. Bald konnte ich Lampen aus- und anschalten. Ampeln umschalten. Straßenbahnen zum Stehen bringen. Aufzüge holen. Das fiel irgendwann auf. Es wurde mir unheimlich. Ich sehnte mich zurück nach einem normalen Leben und wollte diese Energien in mir, die da nicht hingehörten, endlich loswerden.

Der Psychologe, den ich aufsuchte, sagte mir, ich müsste meine Lebensweise in Ordnung bringen, denn ich führe Achterbahn. Da lernte ich zufällig meinen damaligen Mann Andre kennen. Die Kräfte wurden weniger, bis sie ganz verschwanden. Ich begann, mich langsam wieder normal zu fühlen.

Nun hatte er das Problem. Wenn er mich sah, gingen die Glühbirnen aus. Erst als unsere Tochter Sabia auf die Welt kam, beruhigte sich das letztlich.

Während ich sie eines Tages ins Bett brachte, erschien plötzlich die Lichtkugel, die mein Töchterchen fasziniert beäugte. Ich dachte: Nein, bitte nicht schon wieder! Jetzt geht alles von vorne los!

Eines Tages holte mein Bruder mein Kind vom Kindergarten ab und eröffnete mir schmunzelnd: „Dein Kind kann Lampen aus- und anschalten, sagt die Erzieherin.“

Das alles war vor acht Jahren. Inzwischen hatte ich mich von meinem Mann getrennt. Sabia ging in die fünfte Klasse ins Hausstein-Gymnasium. Sie war ein hochintelligentes Kind und stand kurz davor eine Klasse zu überspringen. Das war fast beängstigend. Ich hatte zur gleichen Zeit andere Probleme.

Währenddessen Sabia mit unserer Lichtkugel prima klar kam, und ihre Energien unter Kontrolle hatte, brachten sie mein gesamtes Nervensystem durcheinander. Ich entwickelte eine „neurologische Krankheit“; weil kein Arzt mehr helfen konnte, hatte man mich in diese Schublade gesteckt. André hatte mich deswegen vermutlich verlassen. Er kam einfach nicht damit klar. Ein aufregender Lebensabschnitt begann.

So langsam fing ich an, meine Energien farbig zu sehen. Ich konnte förmlich sehen, wie Farbbänder zwischen den Menschen hin und her sprangen, wenn sie miteinander kommunizierten. Je nachdem wie sie zueinanderstanden, waren auch die Farben.

Sabia fand das lustig. Sie sah zwar keine Farben, aber wusste immer im Vorhinein, wenn ich wieder Farben sah, und machte sich dann aus dem Staub. Ich sah die Gesichter der Lebewesen anders. Sie waren entweder voll Energie, was sich für mich gut anfühlte und eine warme Farbe hatte. Oder sie waren leer, leichenblass, kalt, was ich auch körperlich so empfand, da mir fruchtbar kalt wurde.

Im Grunde genommen war es praktisch, denn die Farbtöne gaben mir eine Orientierung, so konnte ich mir einigen Ärger sparen. Mein Mann hatte mich ja für verrückt erklärt. Unter Umständen war es ihm auch peinlich gewesen. Weil ich so übersensibel war. Oder übersinnlich. Dabei hatten sich die Lampen damals beim ihm auch ausgeschaltet. Jetzt tat er alles mit einem instabilen Stromkreis ab. Aber daran glaubte ich nicht. Für mich gab es keine logische Erklärung. Aber eine aus einer anderen Welt. Die gleichzeitig stattfand.

Sabia, meine elfjährige Tochter, verstand mich. Sie switchte mühelos zwischen beiden Existenzen hin und her.

Nun fing sie an, nach ihrem Vater zu fragen. Wir waren so verblieben, dass er kein Besuchsrecht hatte. Ich wollte nicht, dass Sabia verwirrt aufwächst. Aber ich konnte ihr doch den Vater nicht ganz wegnehmen, jetzt in diesem schwierigen Alter.

Sabia begannen ihre energetischen Fähigkeiten unangenehm zu werden. Sie unterdrückte alles. Sie war in einer Clique und konnte dort nicht über so etwas reden. Aber sie wollte dazugehören. Sie beharrte darauf, ich sollte nicht von Energien und Farben fabulieren, wenn ihre Freundinnen kamen. Ihr war das peinlich.

Da ich mich vor einiger Zeit als Übersetzerin relativ erfolglos selbstständig gemacht hatte, finanzierte sich unser Leben, neben Alimenten, in dem ich zwischen endlosen Krankengeldzahlungen wegen meiner „neurologischen Krankheit“ und Arbeitslosengeld hin und her balancierte, wenn ich nicht endlich mal wieder einen Auftrag ergatterte.

Als ich eines Tages wieder meinen obligatorischen Auszahlungsschein zur Unterschrift beim Neurologen vorlegte, war dieser selbst krank. Der Assistenzarzt, der meinem Gefühl nach, sagen wir einmal, gerade erst Abitur hatte, vertrat ihn. Er war sehr unsicher und aschgrau. Er hatte gar keine Energie. Es überforderte ihn, die richtigen Buchstaben und Zahlen in das Auszahlungsformular einzutragen, so dass er den letzten Auszahlungsschein als Vorlage benötigte.

Mein Diagnosekürzel kannte er auch nicht; den musste ihm die Arzthelferin erklären. Wobei ich ihr bei der Vorlage des vorigen Auszahlungsscheins gesagt hatte, ich bräuchte lediglich ein „bis auf weiteres", und sie meinte, „das müsse der Arzt entscheiden". Welcher Arzt? Ausgesprochen lustig!

Ich musste ausharren. Ich sah zu, wie der Warteraum sich füllte und die Farben sehr schwach wurden. Ich überlegte, ob das alles Falschmedikamentierte waren, die ohne Medikamente vielleicht mehr Farben, mehr Energie gehabt hätten. Wie gut, dass es für mich keine Arzneimittel gab. Ich war ja offiziell unheilbar. Mehr noch, man kümmerte sich gar nicht um mich, denn ich war ja die „neurologische Patientin", undefinierbar und passte in niemandes Schublade. Ich hasste diese Aufenthalte. Es war einfach unerträglich.

Gleichzeitig war ich sehr nervös. Jedes Mal, ob die angemessenen Buchstaben und Zahlen des Gerade-Abiturienten in Arzt-Montur bei meiner Krankenkasse wieder Geld herausrücken lassen würden. Für die Krankenkasse war ich auch ein marginales Nebenprodukt, das so mitlief, getragen vom deutschen Sozialsystem. Keiner sagte etwas, keiner kümmerte sich. Sie waren froh, wenn sie aus ihrem Schema F nicht aus aussteigen mussten.

Aber diese Energien waren doch da. Bei der Krankenkasse war es mitunter wärmer. Die eine oder andere Bedienstete brachte mich manchmal fast zum Weinen, weil sie so rot und einfühlsam war, wissend, dass man mir eh nicht helfen konnte. Dort konnte ich manchmal sogar meine Jacke ausziehen.

Nun saß sich da und identifizierte die Ausstrahlung der Arzthelferin als mausgrau. Sie war unglücklich, sehr unglücklich, kam ich zum Schluss. Sie moserte alle Patienten an. Wenn ihr ihre Unfreundlichkeit bewusst wurde, versuchte sie freundlicher zu werden, was richtig auffiel, denn das passte gar nicht zu ihr. Und schwupps war sie wieder unfreundlich. Mir taten die farbgeschwächten Patienten leid, die ihre Patientenrechte mit Nachdruck versuchten einzufordern. Die Arzthelferin war total überfordert.

Genauso wieder der Arztabiturient, denn der Arzt war ja nicht da. Er war bettlägerig und konnte nicht gehen. Das war sehr verwirrend, und ich wusste nicht, ob ich jetzt entsetzt sein sollte.

Als der Assistenzarzt meinen Auszahlungsschein endlich unterschrieb und die Arzthelferin ihn über meinen Krankheitsstatus unterrichtete, fügte sie noch hinzu, „ich finde die Akte gerade nicht, aber sie ist die Patientin so und so und schreiben Sie einfach alles ab".

Erstaunlich! So einfach ging das also. Aber musste das nicht der Arzt entscheiden … der dann das tut, was sie Arzthelferin sagt. Dieses Mal war auch alles richtig, es hatte schon mal keinen Stempel, ein falsches Datum und eine fehlende Unterschrift gegeben. Gott sei Dank. Nur die Diagnose hatte immer gestimmt. Da gab es nicht viel Auswahl im Katalog.

Ich glaubte inzwischen, dass diese aschgrauen Menschen, die die Farben nicht sehen konnten und die Energien nicht spürten, die eigentlichen Patienten waren. Ich war gesund, aber ich „verdiente" mein Geld, damit, dass ich für andere unheilbar krank war, weil ich Energien als

Farben sehen konnte. Das war sehr praktisch, vor allem wenn man keine Aufträge hatte.

Inzwischen hatte ich einen neuen Freund, den Sabia auch mochte. Das war wichtig. Er sagte immer zu mir, ich wäre eine Hellseherin. Weil ich seine Gedanken lesen konnte, schon bevor er sie aussprach. Wir konnten ohne Worte kommunizieren.

Mauro leuchtete in den schönsten Farben. Eine Augenweide. Ich hatte ihn im Internet kennengelernt. In einem Chat-Forum für übersinnliche Menschen. Er konnte auch Farben sehen. Wie schön wäre es, wenn das noch mehr Menschen können würden.

Neuerdings besuchte uns wieder die Lichtkugel. Aber sie hatte sich verändert. Irgendetwas war mit ihr. Sabia sagte das auch. Ich wusste nicht, was es war. Als ob das Licht irgendwie verklebt wäre. Vielleicht war sie krank? Was war nur passiert?

Sabia meinte, vielleicht sollten wir sie mal meditieren, damit sie etwas von unseren Energien abbekäme und wieder rein würde. Aber was passierte dann mit uns? Wenn wir dabei wieder schwächer würden? Ich musste Mauro fragen. Aber der war plötzlich verschwunden.

Kurzgeschichte-Erzählexperiment

Kurzgeschichte
Gestrandete Existenzen
Luzie Pan
©LuziePan

Gestrandete Existenzen oder was ist Glück?

Kurzgeschichte Erzählexperiment

Widmung

Für alle Obdachlosen, freiwillig oder unfreiwillig

Vorwort

Kommentar von Arno von Rosen (Thriller-Autor):

„Glück ist für jeden etwas anderes. Für den Einen ein langer stiller Fluss ohne Untiefen, für den Nächsten muss es wild und unkontrolliert sein – aber alles ist möglich beim Glück. Bei "Gestrandete Existenzen" handelt es sich um ein experimentelles Gedankenspiel der Autorin, die in verschiedenen Metropolen Europas die Menschen beobachtet hat, welche sich in dem Milieu von Bahnhöfen und U-Bahnen bewegen.

Luzie Pan feilt dabei das oberflächliche Elend heraus, und überlässt es dem Leser, ob sich die Menschen dabei glücklich fühlen, oder vom Schicksal verstoßen sind. Hierbei geht es aber nur um die Beobachtung der Lebenskreise, und nicht um eine Geschichte im eigentlichen Sinne. Mit ein wenig mehr vom persönlichen Leben der Autorin, wäre daraus eine Kurzgeschichte mit Seele gewachsen. Trotzdem vielen Dank für die kleinen Reiseausschnitte."

Kommentar von Oliver K.:

„Du inspirierst mich mehr in meine Umgebung zu schauen. Ich war für 15 Minuten nach Berlin Kreuzberg und Rom versetzt (Jahreszeit ungewiss aber es klang kalt). Vielleicht mehr eine Beschreibung und Impressionen als eine Geschichte … sehr schön beobachtet und beschrieben!

Es ist schön zu merken, dass das gegenwärtige Berlin mit Worten so genau und noch genauer dargestellt werden kann, wie mit endlosen Bildern die ich sonst immer zu sehen bekomme. Es verleiht deinem Text etwas Historisches. Besser kann ich es leider auch nicht beschreiben. Weiter so!"

Kommentar einer Kinderkrankenschwester:

„Es ist die Möglichkeit selbst genauer hinzuschauen, auf welche Details achte (auch) ich im Alltag, in der Stadt? Was ist für mich das Glück?

Aber es gibt kein Ziel, keine Pointe, es plätschert nur dahin ... und das ist nicht „meine" Vorstellung vom Finden des Glücks. Aber vielleicht ist es ja genau das, dass es sich nicht einfach so finden lässt ..."

Anonymer Kommentar:

„Jeder ist ab und zu am Bahnhof, oder in einer Großstadt, natürlich auch im Urlaub, aber sehen wir wirklich hin, oder sind wir geblendet vom Urlaubsfeeling, oder mit unseren eigenen Gedanken beschäftigt? Luzie Pan wirft für uns einen genauen Blick auf die Menschen und ihr Umfeld.

Was wir dabei entdecken gefällt uns oft nicht, aber es geht unter die Haut, weil es uns das Leben widerspiegelt, welches wir gerne verdrängen. Eine sehr spannend erzählte Kurzgeschichte, die ich so noch nirgendwo gelesen habe. Ein völlig neuer Stil - lesenswert."

Kommentar von Daniel Mattes (Thriller-Autor):

„Gestrandete Existenzen ist ein spannendes Kurzgeschichte Erzählexperiment der jungen Autorin Luzie Pan.

Es handelt von Menschen am Rande der Gesellschaft, von der Suche nach dem Leben, dem Glück und dem Sinn.

Die Autorin fordert uns auf hinzuschauen wo wir lieber wegsehen würden, zu fühlen und zu verstehen, statt schnell an Menschen vorbeizulaufen. Das Buch vermittelt spannende und teilweise bedrückende Einblicke in ein Leben, dass die wenigsten von uns kennen. Fazit: Absolut lesenswert."

Zitat

„Selig, die arm sind vor Gott,

denn ihnen gehört das Himmelreich."

(Mt 5,3 (NT))

Gestrandete Existenzen oder was ist Glück?

Ich saß in Berlin-Kreuzberg in einem Café und schrieb. Der Anblick der Menschen, die an mir vorbei schwirrten, gab mir zu denken. Und mir kam wieder alles in den Sinn:

Berlin

Ich sah diese gescheiterten Existenzen vor mir, die am Rande der Gesellschaft lebten. Was war es? Die Ellenbogenmentalität? Die Anonymität? Der Überlebens-Kampf? Einfach das Schicksal?

Der U-Bahn-Schnorrer mit den schäbigen Jogginghosen, der mir jeden Tag begegnete und mich um einen Euro bat. Der Sandwich-Verkäufer, mit sechshundert Euro im Monat, der am späten Abend mit den übriggebliebenen Sandwiches an meiner Haltestelle wartete. Die Zigarette, um die er eine Studentin angebettelt hatte, als eiserne Reserve hinters Ohr geklemmt.

Der Flaschensammler, der sich nicht davor ekelte mit der bloßen Hand in die Mülleimer zu greifen und halbleere Flaschen auf die Straße zu kippen, ohne sich vom Biergestank abschrecken zu lassen, um dann mit einem randvollen Einkaufswagen mit den Flaschen in der Tram zu fahren. Der Wagen war dabei sein Heiligtum; alles, was er besaß. Darauf passte er gut auf.

Die Verrückten, die ihre Selbstgespräche in den unterschiedlichsten Facetten unters Volk brachten und deren Singsang ich ständig im Ohr hatte.

Die Roma-Kinder, die in der U-Bahn für die hinter ihnen Musik machenden Müttern Geld einsammelten, schauten mich mit leeren Augen an.

Die Obdachlosen, die die kalte Nacht nicht überlebten und erfroren, weil sie es nicht zu den Wärmebussen geschafft hatten. Manche hatten auf das Obdachlosenheim einfach keine Lust, weil sie dort nur beklaut und gemoppt wurden.

Die Lokalbesitzer, die Schutzgeld zahlen mussten, wenn sie weiter in ihrem Quartier bleiben wollten. Alle Späti-Inhaber, die sich die Nacht um die Ohren schlugen, um über die Runden zu kommen.

Die Lippenstift-Frauen in der U-Bahn, die mit roten Mündern und melancholischen Augen gegen die nebelgrauen Tage ankämpften.

Der Kinderwagen gegen eine Wand eines U-Bahn-Waggons gedreht bot dem sich darin befindenden kleinen deutsch-afrikanischen Kind nur zwei Möglichkeiten: schlafen oder die Werbetafel angaffen. Etwas anderes bekam es nicht in den Blick. So war es in dieser geschickt eingeparkten Position abgeschnitten von der Außenwelt. Die dazugehörige Mutter stand irgendwo im Waggon, hielt ein Schwätzchen und hatte ihr Kind regelrecht abgestellt. Beim Aussteigen hörte ich, dass es sich bei der Mutter um eine rotblonde gut beleibte Schwäbin mit rotem Gesicht handelte. Ein Glück, dass sie sich noch an ihr

Kind erinnert hatte, als sie aus dem Wagen stieg. Ich werde nie den verzweifelten Blick des Mädchens vergessen, wie es versuchte, sich aus der Position zu befreien.

Der junge Mann, der mit der einen Hand telefonierte und mit der anderen einen Kinderwagen vor sich herschob bis er an der Haltestelle stehen blieb um dann einige Schritte vom Buggy weg zu machen in der anderen Hand nun eine glimmende Zigarette. Woraufhin sich sein Sprössling im Kinderwagen nach allen Seiten umdrehte, auf der Suche nach seinem Papa, der seinem Gesichtsfeld entschwunden war. Er fiel dabei halb aus dem Wagen, als er den Vater endlich erspähte. Der kleine Junge musste sich unglaublich beachtet gefühlt haben. Aber er wartete geduldig und plärrte nicht, derweil ihm der Rauch der Kippe um die Nase zog.

Der Sound des Berliner Migrantendeutsch eines Baguette-Verkäufers am U-Bahn-Gleis schwappte mir entgegen. Als ich an ihm vorbeiging, drangen Wortfetzen an mein Ohr. Facebook-Verleumdungen, offene Rechnungen mit Polen, befürchtete Anzeigen wegen Körperverletzung. Da sah ich, dass er, während er telefonierte, seelenruhig belegte Baguettes verkaufte.

Beim Rückweg erblickte ich einen asiatisch aussehenden Mann, der zärtlich die Gebäckstücke in der Auslage seines Backshops aufreihte. Mir fiel auf, dass er keine ordentliche Kasse hatte und das Geld in einer Geldkassette lose herumlag. Ich dachte an Finanzamt, Mehrwertsteuer und Schutzgeld. Diese Zonen waren alle aufgeteilt. Was sich manche Vietnamesen vor S-Bahn-Haltestellen und Supermärkten für den Zigaretten-Schwarzverkauf reservierten und wofür sie sich gegenseitig schon mal umbrachten, praktizierten die anderen entlang der U-Bahn.

Der junge Mann, in dessen ausgebeulter Gesäßhosentasche ein Kicker steckte, womit er sportlich die Stufe zur U-Bahn hinunter sprang, hatte eine Körperhaltung wie ein Boxer. Bereit zum Angriff, immer in Deckung. In seiner Hand wedelte eine Klarsichtfolie mit einem Schreiben vom Job-Point und einen geöffneten Rentenversicherungsbrief. Ich wünschte ihm in Gedanken alles Gute.

Der Busfahrer, der auf dem Hochsitz eines Asia-Imbisses Platz genommen hatte, löffelte hastig seine erste Mahlzeit. Es war siebzehn Uhr. Er hatte Doppelschicht. Gleich ging die Nachtschicht los. Hoffentlich war die Operation gut verlaufen, er konnte sie ja nicht abholen, sprach sein Gesicht.

Ein junger Mann mit Bodybuilderfigur erklärte in einem weiteren Backshop an der U-Bahn per Handy seinem Sportsfreund das Trainingsprogramm. Als er kurz aufschaute, nickte er, holte die Gebäckzange und hievte eine Rosinenschnecke in die Papiertüte.

„Danke“, entfloh es ihm, als ich „stimmt so“ sagte.

Bodybuilding am „Laufsteg“? Machte er so seine Geschäfte? Mit seinem sexy Oberkörper, der in einem blauen Doppelrippunterhemd Marke Schießer steckte? Oder, weil er hier das Monopol hatte? Die U-Bahn kam und ich stieg ein.

Zuhauf strömten die Sozialversicherungspflichtigen schimpfend die enge Treppe hinauf. Der Aufzug war kaputt. Unter ihnen war Miriam. Miriam Schneider. Berufsschule erstes Jahr. Das stand auf ihrem T-Shirt. Sie kotzte voll ab. Sie hatte keine Lust mehr. Das las ich in ihrem Gesicht. Ich lief in die gleiche Richtung.

Als sie über den Görlitzer Park Drogenumschlagplatz Nummer 1 spurtete, sprach sie jemand an:

„Brauchst du was?"

Ich ging weiter.

Irgendeine Großstadt

Am Bahnhof in irgendeiner Großstadt angekommen, tummelten sich Menschenmassen in alle Richtungen. Endlich hatte ich eine Sitzbank im Obergeschoss erobert. Durch ein Glasdach blinzelte mir die Sonne entgegen. Ein Ficus stand unweit vor mir und daneben reihten sich getrennte Abfallbehältnisse aneinander.

Da nahm mir gegenüber ein junges asiatisch-gesichtiges mustergültig deutschsprechendes Pärchen Platz. Sie tranken asiatischen Grüntee und hörten Musik aus dem gleichen iPod.

Ein Rentner schlenderte auf sie zu und sprach sie an, woraufhin sie ihn verwundert anguckten. Als er sich benachbart zu ihnen niederlassen wollte, wurden Sitzplätze neben mir frei. Dort begann er seinen Rucksack zu entleeren, wobei der gesammelte Hausrat seiner Küche zum Vorschein kam. Auf einmal fing er an schmatzend, aus einem überdimensionalen Glasgefäß, zu essen. Das Asiaten-Pärchen, das ihn aus der Entfernung angrinste, fragte nach dem Speiseplan, den er in sich hineinzwang. Gemüseeintopf.

Ein Südländer, der sich neben ihnen niedergelassen hatte, gut gekleidet, mit schwarzem geschniegeltem Haar, zog eine Glasflasche hervor und sah traurig drein. Als sein Handy klingelte, fing er plötzlich an, in einer orientalisch klingenden Sprache zu sprechen. Innerhalb kurzer Zeit, während der Rentner noch mit seinem Eintopf beschäftigt war, stand ein weiterer südländisch anmutender jüngerer Mann neben ihm. Sie führten ein ruhiges Gespräch.

Der Pensionist hatte nun sein Mahl beendet und rülpste, unterdessen sich der zweite Araber wieder verabschiedete und das Asiaten-Pärchen immer noch vor sich hin grinste und zur Musik wippte.

Rentnerinnen durchsuchten die getrennte Müllabteilung nach Flaschen. Der Araber hatte mittlerweile wieder die Wartehaltung eingenommen und sich gemächlich zurückgelehnt. Seine Bierflasche schien er nur als Vorwand in der Hand zu halten; er hatte kein einziges Mal daraus getrunken.

Ein weiterer unausgeschlafener Rentner im abgewetzten Anzug scannte mit der Hand die Mülleinwürfe der Abfalleimer. Fehlanzeige. Da war jemand schneller.

Der Ausbreitungsradius meines Nebenmannes hatte sich inzwischen weiter vergrößert. Er besetzte nun drei Sitze. Nach kurzer Zeit hatte er wieder alles einsortiert. Die sonntägliche Mittagspause war beendet.

Zwei Polizisten auf Streife würdigten uns keines Blickes, während sie uns passierten. Im Erdgeschoss stand eine Security vor einem Postkarten-Laden. Wie passend. Ich dachte daran wie der Bahnhof, in den letzten dreißig Jahren vom Drogenumschlagplatz Nummer 1 in dieser Stadt, zu einem schmucken Einkaufszentrum mutiert war.

Nur die, die sich keinen Sitz-Kaffee leisten konnten, blieben ausgeschlossen von derartig gut bewachten Konsumtempeln. Sie zelebrierten ihr Ausgeschlossensein im Obergeschoss mit mitgebrachten Essensvorräten. Sie waren ausgespuckt wie Strandgut der Wegwerfgesellschaft, der Zeitentschleunigung letzte Bastion.

Die Asiaten verflüchtigten sich. Der Rentner machte ebenso Anstalten das Weite zu suchen. Die Aufmerksamkeit des Arabers lag jetzt bei den vorbei schwirrenden Passanten; er schien entspannter.

Im Zug nach Hamburg

Als ich einmal auf den Zug nach Hamburg wartete, tanzten migrantische Streetdancer am Bahngleis. Sie erhofften ihr Glück bei einem Wettbewerb, für den sie sich per Handy noch schnell angemeldet hatten. Cool und selbstbewusst.

Das Pärchen neben mir, hatte ich auch als teils migrantisch identifiziert. Der Junge ertüchtigte sich im Bodybuilding, arbeitete auf dem Bau oder sonst was. Das Mädchen, zierlich, putzig und in Hundebegleitung im Tragekorb, hatte ihm zum Geburtstag eine „Reise ans Meer" geschenkt.

Er freute sich irrsinnig, knutschte sie ununterbrochen ab und fummelte an ihr herum, was sie durch ihre Sitzposition, extra provozierte. Nebenbei verwendete er seiner Freundin gegenüber Jugendslang-Ausdrücke wie „Ey Alter". Ich war irritiert. Dabei wirkte er gut erzogen. Rausschmeißer-Gesicht, Bundeswehrfrisur. Aber wie ein Kind. Eine seltsame Mischung. Trotzdem freute ich mich für sie.

Eine Polter-Abend-Frauengruppe, uniformiert im rosa T-Shirt mit „Ladys-Night-Julia-heiratet"-Schrift, spazierte grölend mit Champagner-Flaschen an mir vorbei. Sie zog die Aufmerksamkeit der Streetdancer auf sich. Die Mädels ließen sie links liegen.

Berlin

Am Bahnhof Zoo angekommen, erwartete mich Uringestank. Eine dilettantenhaft ausgestattete Treppenputzkolonne der Methode „Viel Wasser hilft viel“ bearbeitete die Stufen vor dem Bahnhof.

Draußen vertilgte ein Pennergrüppchen sein Abendbierchen. Vor der Currywurstbude probierte ein Mittvierziger Pärchen den Zungenkuss, während sie ihm herzhaft unter das T-Shirt griff.

Daneben postierten etwas verloren breitbeinige Polizisten mit Sicherheitswesten im Doppelpack, die dem Feierabend entgegen sehnten.

Rom

Als ich in Rom ankam, sah ich, dass Arm und Reich nah nebeneinander lebten.

Indische Straßenhändler standen vor luxuriösen Kleidergeschäften und konkurrierten mit Dumpingpreisen. Die Krise sah man nicht. Alle Geschäfte funktionierten.

Aber die Straßen zeitigten einen katastrophalen Zustand. Es galt aufzupassen, um nicht in kleine Krater auf dem Bürgersteig zu treten.

Ein Arbeitsloser rauchte eine elektrische Zigarette und fuhr mit einem Sechszehn-Euro-Monatsticket Tram.

Musliminnen indischer Abstammung traten nur in Gruppen auf. Ein Muslim betete singend auf seinem Teppich, den er am Straßenrand vor den Einkaufstempeln Richtung Mekka ausgebreitet hatte, keiner störte sich daran.

Ein Stück weiter waren die Straßen übersät von draußen auf Kartons nächtigenden Menschen mit Hunden und langen verwanzten Bärten. Jeder hatte sein Revier, das er eifersüchtig verteidigte.

Flanierende rumänische Straßenhändler irgendwelcher Spaßartikel säumten die großen Plätze und redeten penetrant auf die Passanten ein, die sie abzuschütteln versuchten.

Zwei Polizisten wurden von einem psychisch Kranken auf einem Platz angeschossen, den ich tags zuvor passiert hatte. Für einen Moment hielt ich den Atem an, als ich davon erfuhr.

Der Papst mischte sich unter die Leute und zeigte sich nicht auf dem Balkon, als ich zum Petersplatz spazierte, um seinem Angelusgebet beizuwohnen. Er wollte bei den Menschen sein.

Ein Pfarrer unternahm Häusersegnungen, die auf großflächigen Plakaten vor den Häusern angekündigt wurden.

Ein junger Asiate tuckerte einen Rollstuhl mit einem alten Mann auf dem löchrigen Bürgersteig durch die Gegend. Ein Elektrorollstuhl fuhr daneben auf der Straße, gleitend wie ein Mercedes, hinter den Autos her.

Ein Rumäne putzte mit einem Bodenschrubber die Autofenster der an der Ampel haltenden Autos. Dabei passte er sekundengenau die Ampelphase ab und hatte schon einen leeren To-go-Becher in der Hand, den er ans Beifahrerfenster hielt, den Schrubber unter den anderen Arm geklemmt. Wie ein Trapezkünstler sprang er zurück auf den Bürgersteig, um die nächste Ampelphase abzuwarten, den gesamten Verkehr im Blick, als wären die Autos seine Marionetten.

Die Römer sangen lauthals auf der Straße, und machten dabei dem Dauerhupen der Autofahrer und deren aufgebrachtem Gekreische Konkurrenz. Eine perfekt inszenierte Symphonie.

Vor einer Bank saß ein Security-Mann mit Sicherheitsweste und Pistole im Anschlag auf dem Motorrad und war gemütlich in ein Gespräch mit einer älteren Frau vertieft. Später plauderte er mit der hübschen Bauleiterin einer Straßenbaustelle. Die Bank hatte er längst nicht mehr im Blick, es war sowieso nichts los.

Unter der Brücke in einem länglichen dunklen Tunnel reihten zwei Männer ein Buchlager bestehend aus vier Kisten auf Paletten auf. Ein Auslagetisch mit Büchern stand nebenan, dazwischen ein Klappstuhl, auf dem ein Mann mit sich selbst Schach spielte. Hin und wieder vorbeikommende Männer unterhielten sich mit ihm und nahmen auf einem zweiten Stuhl Platz. Zeitentschleunigung im Dunklen eines mit Graffiti verzierten Tunnels mit echten Büchern zum Anfassen.

Dreißig Prozent der italienischen Bevölkerung trieb es wegen der Wirtschaftskrise in den Freitod, las ich in der Zeitung, als ich mir in einer Bar einen Espresso genehmigte. Ich war schockiert. Man sah nichts davon.

Der Fahrkartenautomat am Bahnhof bot die Möglichkeit zur Geldspende, welche eine christliche Gemeinschaft an die Armen weitergab. Das war wie „Aufrunden bitte" im Supermarkt.

Ich stieg in den Zug zum Flughafen. Ich war erschlagen. Der Existenzkampf, schien es mir, war in den Großstädten überall der gleiche. Er war nur unterschiedlich ausgeprägt, aber durchaus global. War das Schicksal? Oder war dahinter für manchen sogar Glück?

Anmerkungen

Meine liebe Leserschaft, ich freue mich sehr, dass ihr/ Sie dieses Buch erworben habt/haben. Noch mehr freue ich mich über Kommentare auf meinem Blog: https://luziepan.wordpress.com; für Anregungen bin ich auch sehr dankbar.

Feedback kann auch direkt an luzie.pan@gmx.de geschickt werden, oder über Facebook, Instagram, LinkedIn oder Twitter, mit dem Hinweis auf mein Buch.

Neben dem vorliegendem Buch „Humor Tragik Romantik Fantastik-Kurzgeschichten" welche teils einzeln in den unten genannten Kurzgeschichten-E-Books der Erstveröffentlichungsreihe von 2015 erschienen sind, gibt es daneben auch noch folgende zwei „Sparten-E-Books" die auch in der Gesamt-Ausgabe: „Kurzgeschichten-Sammlung" und „Kurzgeschichten-Potpourri"enthalten sind:

1. „Drama-Kurzgeschichten"
2. „Krimi-Kurzgeschichten"

Diese sind bei den gängigen E-Book-Händlern erhältlich und erscheinen auch noch als Print-Ausgabe.

Aktuelles über die genauen Veröffentlichungsdaten auf dem Blog: https://luziepan.wordpress.com

Kurzgeschichtenreihe

Die einzelnen Kurzgeschichten sind 2014/2015 als teils einzelne E-Books erschienen und jetzt als 2. überarbeitete Neuauflage als E-Books mit den gleichen in diesem Buch abgebildeten Cover und außerdem in den oben erwähnten Bundles erhältlich.

1. Gestrandete Existenzen (Erzählexperiment)
2. Zu viel Licht (Fantastik)
3. Lächeln gegen den Wind, Markus hat Glück, Spätberufen (Humor Tragik)
4. Unfall mit Folgen, Das passende Kleid, Zug ins neue Leben (Romantik)
5. Barbier von Neukölln (Krimi)
6. Weiße Weste (Krimi)
7. Leichen im Keller (Krimi)
8. Urlaub mit Hindernissen (Krimi)
9. Alles für die Ehre, Reise nach Istanbul (Drama)
10. Antonio sucht sein Glück, Giuseppes sizilianische Welt (Drama)
11. Taube Finger fühlen im Kopf (Drama)
12. Heimat (Drama)

Hinweise zur Entstehung meiner Kurzgeschichten

Meine Geschichten sind rein fiktiv. Allerdings sind sie inhaltlich teilweise von der Realität inspiriert. Wobei diese modifiziert fiktionalisiert wurde und somit in Literaturform der Kunstfreiheit unterliegt. Personennamen sind rein zufällig. Ähnlichkeiten bezüglich des Persönlichkeitsschutzrechtes sind nicht beabsichtigt. Irgendwelche Namen müssen die Figuren ja tragen. Außerdem werden inhaltliche Darstellungen oft bewusst übertrieben. Sofern dabei Klischees bedient werden, ist dass der Dramaturgie geschuldet und wurde als erzählerisches Stilmittel eingesetzt, um den Plot dramaturgisch auf die Spitze zu treiben und nicht, um zu verallgemeinern. Die Absicht meiner Geschichte ist allein: wertfrei, unterhaltsam und spannend Themen aufzugreifen, zum Nachdenken anzuregen, aber auch die Lachmuskeln zu bemühen, wobei ich mich mitunter auch der Kunstfreiheit der Satire bediene.

Steckbrief der Autorin

Luzie Pan wurde 1971 in Oberbayern geboren, ist eine „mährisch-böhmische Mischung“ und teilweise in Oberösterreich aufgewachsen, hat verschiedene Länder bereist und an unterschiedlichsten Teilen Deutschlands und längere Zeit im Ausland (Italien, Sizilien, Litauen, Tirol) gelebt. Sie hat Verlagsherstellung (Buch,- und Medienproduktion) studiert, ist Diplom-Ingenieurin (FH), hat eine Drehbuch,- und Dramaturgie-Ausbildung, ein drei-jähriges Belletristik-Fernstudium absolviert, einen Kurzfilm produziert, ist seit 2011 als freie Autorin in Berlin tätig und im Verband deutscher Schriftstellerinnen und Schriftsteller. Sie spricht deutsch und italienisch in unterschiedlichen Dialektfärbungen und englisch. Sie betreibt den Blog: https://luziepan.wordpress.com, auf dem u.a. Leseproben und Audioleseproben ihrer Geschichten verfügbar sind, welche kommentiert werden können und außerdem den Roman-Blog: https://schmecktnachmeehr.com.